山田剛志 + 萬澤陽子 著
Tsuyoshi Yamada + Yoko Manzawa

入門企業法

弘文堂

まえがき

　本書は、おもに大学1・2年生のみなさんに向けた「企業法入門」のためのテキストですが、すでに企業で働いているビジネス・パーソンの方にも、ぜひ手にとっていただきたいと思っています。というのは、私が大学を卒業したあと（かなり昔ですが）、銀行に勤務していたことがあり、そのときに触れる機会があった法律を、すべて1冊に取り込もうとしたのが本書だからです。企業にとって、法律はいわば仕事のルールブックのようなものです。そのため、本書は、社会人が実際に体験するであろう法律の基本の多くを1冊に取り込んであります。言い換えると、ビジネスに関連する法律の基礎を理解するのに、本を何冊も買わなくてすむようにと書いたのが本書です。

　具体的には、商法・会社法だけでなく、手形・小切手の仕組み、さらに（ふつう商法分野には入らない）知的財産法、労働法、社会保障法、独占禁止法、金融商品取引法などについても、概要を説明します。たとえば、銀行員として会社に勤務すると、労働法の知識が必要です。また会社を辞めると、健康保険を任意継続にしたり、国民年金に加入したりと、いかに社会保障制度が重要かを理解できるようになりました。このように本書は、1冊で、M＆A、年金、談合、インサイダー取引などの企業に関わるトピックを、広く学習できるオイシイ本だと思っています。

　本書は、大学1・2年生向けと書きましたが、記述のレベルは、き

ちんと保っています。各章には、実際の事件などを扱った「コラム」があり、一歩進んだ知識やニュースでみるような事件を取り上げています。この「コラム」は、すこし専門的な用語で書いてありますので、最初は、とばして読んでいただいても、かまいません。

　なお、本書を熟読すれば、企業で実際に起きている問題について理解できるため、大学3・4年生は、就活に役立てられると思います。しかし「コラム」を読まなくとも、各章の内容は理解できますので、ご安心ください。

　本書は、萬澤陽子先生と、共著で書きました。私が序章〜第6章、萬澤先生に第7章以下を担当していただきました。

　本書は、弘文堂の北川陽子部長のご理解と的確なアドバイスがなければ、店頭に並ぶことはなく、みなさんの目に触れることはありませんでした。この場で改めてお礼申し上げます。また敬和綜合法律事務所の大久保宏昭弁護士からは、ていねいなコメントをいただきました。

　本書が、読者のみなさんのお手元に届き、企業法の理解に少しでも貢献し、その知識が大学生だけでなく、企業社会で活躍するビジネス・パーソンにも、お役に立てば、著者として、大変うれしい限りです。

2012年9月

著者を代表して
山田剛志

目次

序章 ▶ 企業法とは何か ―――1
商人（企業）に対して適用される法の概要を学ぶ

1 はじめに………1
2 民法と企業法との関係〜権利外観法理の比較………5
3 法律行為の特則「商行為」………8
　（1）商人とは何か………9
　（2）商行為の種類………10

第1章 ▶ 個人商人と法人 ―――11
商業登記や商人に適用される法の概要を学ぶ

1 商人のために働く者………11
　コラム1●　外務員・代理店………13
2 個人商人の運送業者と運送契約・約款………14
　（1）運送契約とは何か………14
　（2）下請けと相次運送………15
　（3）損害賠償責任………16
　（4）旅客運送………17
　（5）運送取扱人………18
3 会社の設立と登記〜個人商人が法人成りをして会社となる………19
　（1）定款（会社の基本的事項を決める書類）作成準備………20
　（2）同一住所・同一商号の確認………20
　（3）会社代表者印作成………20
　（4）定款作成………20
　（5）公証人の認証………21
　（6）資本金の払込………21
　（7）株式会社の設立登記………21
　（8）設立後の手続等………22
4 商業登記………22

第2章 ▶ 商号と知的財産権─────28
商人の商業帳簿と知的財産権の概要を学ぶ

1 個人商人の商業帳簿または会社の計算…………28
2 個人商人または会社の商号の保護…………31
   コラム2● 商号使用の差止…………32
3 知的財産権…………35
   コラム3● フランチャイズ契約…………35
   (1) 知的財産権とは…………37
   コラム4● 職務発明…………38
   (2) 知的財産権の種類…………39

第3章 ▶ 会社①株主総会─────43
会社支配権とは何か、利益供与・買収防衛策の判例法理を学ぶ

1 会社支配権の争いと委任状争奪戦(プロキシーファイト)…………43
   コラム5● 敵対的買収と支配権…………44
   コラム6● 会社の種類…………46
2 会社の機関…………47
   (1) 監査役設置会社…………47　(2) 委員会設置会社…………49
3 株主総会の権限…………50
   (1) 招集権者…………50　(2) 株主提案権…………51
   (3) 議決権行使…………52
   コラム7● 実際の委任状争奪戦(委任状勧誘合戦)…………54
4 議事および決議方法…………56
   (1) 議長の選任…………56　(2) 決議方法…………56
5 利益供与と総会屋…………57

第4章 ▶ 会社②株式・社債─────59
会社の資金調達について、上場企業および中小企業の事例を学ぶ

1 設立直後の会社…………59
2 企業金融とは何か…………61
   (1) 株式(返済しなくともよい資金)…………61
   (2) 新株予約権(決められた値段で株式を買う権利)…………63
   (3) 社債(大衆からの借金)…………64
   (4) 銀行・ノンバンク借入…………66

3　株式の発行方法………67
　　(1) 株主割当………67
　　(2) 時価発行公募………68
　　(3) 第三者割当増資………68
　　(4) 増資の手続………69
　4　株式の新規公開 IPO とは何か………70
　　コラム 8 ● Facebook の上場………70
　　コラム 9 ● 創業者利得………72

第5章 ▶ 会社③決算・情報開示 ──74
決算手続・財務諸表を確認し虚偽情報開示の責任について学ぶ

　1　上場会社は情報公開が大事………74
　　コラム 10 ● オリンパス事件と上場の維持………75
　2　会社の決算（計算）手続………76
　　(1) なぜ決算（計算）が必要か………76
　　(2) 計算書類と計算手続………77
　3　違法配当とは何か？〜剰余金の配当………79
　　(1) 剰余金の配当………79
　　(2) 分配可能額の算出………79
　　(3) 繰延資産………80
　　(4) 引当金………80
　　(5) 適法な剰余金配当………80
　4　会計監査人………81
　　(1) 職務と義務………81
　　(2) 会計監査と内部統制監査………82
　5　会計参与………83
　　(1) 職務………83
　　(2) 義務………83
　6　役員等の責任と責任制限………83
　　(1) 会社法上の責任………83
　　コラム 11 ● カネボウ事件………84
　　(2) 金融商品取引法による民事責任………85
　　コラム 12 ● 西武鉄道事件と上場廃止………87

第6章 ▶ 会社④ 企業再編 ——89
経営戦略としてのM&Aを題材に、企業再編について学ぶ

1 はじめに……89
   コラム13● 会社の倒産……90
2 組織再編とは何か……91
   (1) 会社の種類……91
   (2) 組織変更……92
   (3) 各種の組織再編行為……93
   コラム14● 株式買取請求権……95
   (4) 実際のM&A……101

第7章 ▶ 手形・小切手法 ——103
現金の代わりに、手形や小切手で支払うことの法的意味を学ぶ

1 はじめに……103
   コラム15● 電子記録債権の利用〜「でんさいネット」の稼働……105
2 ネットオークションの代金を約束手形で支払うとしたら？……106
3 信用してもらうために必要なこと……109
4 紛失したときには？……113
5 手形を振り出した取引が取り消されたら？……117
6 小切手〜約束手形と比較して……118
7 まとめ……119

第8章 ▶ 労働法 ——120
社会人（労働者）になるということの法的な意味を学ぶ

1 労働法とは？……120
   (1) 当事者の同意した決まりごとと労働法……120
   コラム16● 無効になった契約はどうなるの？……122
   (2) 決まりごとの形式とそのルール……123
2 決まりごとに関する時期・内容について……124
   (1) 決まりごとの成立時期……125
   (2) 決まりごとの定める内容……128
3 決まりごとが破られたと思ったら？……133

第9章 社会保障法 ————————————136
国によって運営される年金制度や医療保険について学ぶ

1 社会保障とは？…………136
   (1) 救われるべき？ 救われるべきではない？…………136
   (2) 救われるべきとの立場から〜国による社会保障制度…………137
   コラム 17 ● 朝日訴訟…………140
2 日本における社会保障制度の具体的内容…………141
   (1) 社会保険…………141
   (2) 公的扶助…………147
3 社会保障制度の問題点…………150
   (1) 財源が足りない…………150
   (2) 業者の不正請求…………151
   (3) 本来受給すべきではない者が受給している…………151
   (4) 本来受給すべき者が受給できていない…………152
   コラム 18 ● 社会保障の歴史…………153

第10章 独占禁止法 ————————————155
公正で自由な競争を促進するための法の概要を学ぶ

1 独占禁止法とは？…………155
   (1) 「公正且つ自由な競争」を賛美する法…………155
   (2) 「公正且つ自由な競争」という命題…………156
2 独占禁止法の禁ずるもの①〜私的独占…………158
   (1) はじめに…………158
   (2) 「排除」行為…………158
   (3) 「支配」行為…………160
   (4) 競争の実質的制限…………161
   (5) 違反行為に対する制裁…………162
3 独占禁止法の禁ずるもの②〜不当な取引制限…………162
   (1) はじめに…………162
   (2) 成立要件…………163
   (3) 違反行為に対する制裁…………164
   コラム 19 ● カルテルと事業活動の国際化…………165
4 不公正な取引方法の規制…………166
   (1) はじめに…………166
   (2) 具体例…………166

第11章　金融商品取引法　———171
公正な証券市場を実現するための法の概要を学ぶ

1　金融商品取引法とは？………171
2　株式の取引に当たって………172
　(1)　どの会社の株式を買う？〜会社の情報開示………172
　(2)　会社が開示した情報が虚偽だったら？………173
　(3)　自分の保有する株式を売るか否か？
　　　〜株式の大量取得・保有等に関する情報開示………174
3　投資家に一番近い存在〜証券会社………175
　(1)　誠実公正義務………175
　(2)　適合性の原則・説明義務………176
　(3)　登録義務………176
　(4)　義務違反の責任………177
4　不公正取引………178
　(1)　誰に対しても適用される規制………178
　(2)　インサイダー取引………178
　コラム20 ● 村上ファンド事件………180
　(3)　相場操縦………181
　(4)　風説の流布・偽計………182
5　エンフォースメント（執行）………184

第12章　国際金融規制　———187
資金がボーダーレスに動く世界における「金融規制」を学ぶ

1　「金融」と「金融規制」を考えよう………187
　(1)　金融とは？………187
　(2)　金融規制とは？………188
2　「国際金融」と「国際金融規制」を考えよう………192
　(1)　国際金融とは？………192
　(2)　国際金融規制とは？………194
　コラム21 ● 外国為替………197
　コラム22 ● デリバティブ取引………199
　コラム23 ● 証券化………200

事項索引………202

序章
企業法とは何か
商人(企業)に対して適用される法の概要を学ぶ

【ねらい】本章では、本書でいう企業法について、説明します。企業の活動と、会社法、商法と民法、労働法、経済法との関係を学びます。まず、商法と民法の違いについて、権利外観法理をもとに考えていきます。そのうえで、商人が行う商行為がどのような特徴をもっているかを題材に企業法の特徴について、学んでいきましょう。

1 はじめに

　企業法とは、何か。本書でいう企業法とは、「企業に関係する法律」という意味である。特に重要な法律は、商法、会社法である。会社法は、以前商法の一部であったが、独立して、1つの法律となった。その結果、商法は、個人の商人か商人同士に適用される法律となっている。また企業法のなかには、ふつう商法には入らない労働法、社会保障法のほか、独占禁止法（独禁法）、金融商品取引法（金商法）も入る。つまり企業法とは、「企業が活動するなかで関連する法律」という意味である。本書では、これらの法律を、章に分けて、学習する。

　本書では、まず商法と会社法を学習する。商法とは、どのような法律だろうか。たとえば、町を歩いていると、宅配業者のトラックがよく目につく。これは商法で規定されている運送営業という取引である。また映画館などは場屋（じょうおく）営業という取引である。商法では、商取引というかたちで、商人の取引を定めている。

また商法は、一般法である民法の特別法といわれる。ある特定の分野について、一般法と別の規定をしている法律を特別法といい、たとえば民法上の利息（契約で利息を定めていないときの法律上の利息）は、5％であるが、会社が関係すると利率は6％となる。

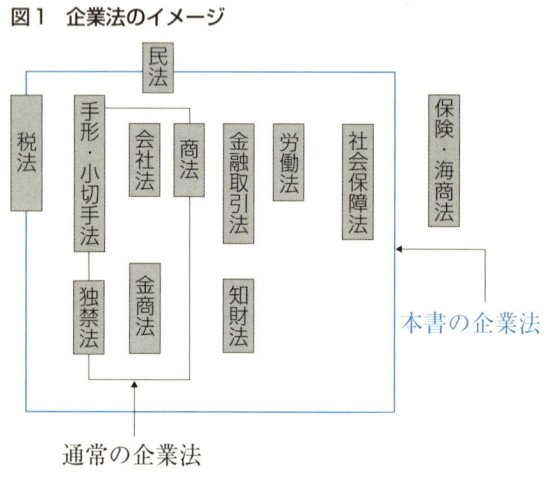

図1　企業法のイメージ

　企業法とは、商法だけのことをいうのではない（**図1**）。まず、個人の商人が法人成りをして、たとえば株式会社になった場合には、会社法が適用される。会社法のなかには、株式会社以外にも、あまりみることはないが、合名会社、合資会社、そして合同会社という3種類の会社が規定されている。第1章ではまず、個人が会社を設立する場合をみてみる。その後みなさんが就職するだろう株式会社について、第3章から第6章までで説明する。第3章に行く前に、第2章で商人（会社も含む）の名前である商号に対する保護をみてい

きたい。そして、商号だけでなく著作権法や商標法など知的財産法（知財法）も合わせてみることにより、会社や個人が保有する名称や権利の保護について検討する。

話を会社にもどす。会社法は、おもに会社の組織および株式などについての規定が中心で、役員以外の従業員の規定はあまりない。そこで、本書では、従業員の話として、労働法や社会保障法を取り上げる。私が昔銀行を退職する際に、健康保険が任意継続になるとか、国民年金を自分で払うかなどの手続を自分ですることになり、会社員は半分会社が負担してくれて、非常に恵まれていると感じた経験があった。それが、本書のなかに、あえて社会保障法と労働法を加えた理由である。こうした企業と従業員との間で結ぶ労働契約、解雇の種類と制限などを定め、従業員の保護のためにあるのが、第8章で取り上げる労働法である。学生のみなさんも、アルバイトなどで、同じような問題にぶつかる可能性がある。ぜひ第8章も読んでいただきたい。

また、それ以上に身近なのが社会保障法である。20歳になると、国民年金に加入する義務が生じるので、より身近に感じるようになるだろうが、それ以外にも、わが国の社会保険には、医療保険、介護保険、年金保険、労災補償保険、雇用保険がある。医療保険や介護保険の保険料を誰が負担しているのかといったことは、国民として、知っておくべきことである。会社の従業員の場合、会社が50％程度負担することとなる。フリーターと正社員ではどちらが得か、考えてみていただきたい。

企業法としては、厚生年金や共済年金については、社会人のみなさんは特に理解しておきたい制度である。さらに、労災補償保険と

は、従業員が業務上または通勤によって「負傷、疾病、障害又は死亡」した場合の保障をする制度である。特に最近問題となっている過労死・パワーハラスメントをはじめとした精神疾患などにも労災補償保険は対応する。これから社会に出るみなさんも、ぜひ知っておくべき制度だろう。

　会社は、お金が回らなければ、倒産してしまう。会社はどこからか資金を調達して、必要な事業を行い、収益を配分することが目的である。ここで、どのように資金を調達するかが企業金融の問題である。そこで本書では、第4章で、株式や社債などについて、説明する。また、最近個人では、JRなどのカードで電子決済をする例が多くなっているが、会社が将来受け取る資金で現在の支払を約束手形などの有価証券を発行して行う制度を規定するのが、手形・小切手法である。本書では、個人の電子決済システムと合わせて第7章で説明する。また、もし企業が外国から資金を集めた場合（たとえば、米国ドル）、円高や円安になるとどのような影響があるだろうか。これらは資金決済のうち、外国の通貨との間の決済を含んでおり、外国為替と呼ばれる。たとえば、2007（平成19）年頃から、銀行は取引会社に対し、外国通貨である必要性がないにもかかわらず、外貨とのデリバティブ取引を締結した例が増えている。デリバティブ取引とはどのような性質のもので、1米ドル＝70円台の円高になるとどのような影響が企業におよぶのだろうか。このように資金決済のうち、外国為替を含むものについては、第12章で扱うこととなる。

　また会社は、社会で活動している以上、会社法だけを守っていればよいというものではない。たとえば、本来株式は誰でも買えるはずであるが、実際には、わが国では1,000社に1社しか株式を公開

していない。株式の公開とは、株式を証券取引所で売買できる（上場という）ようにして、広く一般の人々から資金を集めることをいう。上場企業は、企業情報を適切に開示しなければならず、かりに増資（新たに株式を発行して、資金調達すること）の情報を自分の顧客だけに漏らすと、「インサイダー取引」をしたということになり、逮捕などの刑事責任が課せられる。これは、第11章で触れる。

　また、会社は営業活動を行うが、競争社会とはいえ、何をやってもよいわけではない。たとえば、町でよく見かける宅配便などの運送業者のなかには、個人でトラックを所有し、宅配便1つの配達を100〜150円程度で大企業から請け負う人がいる。このような大企業と下請業者との間の取引には、商法が適用される。たとえば、もし大企業が、一方的に大幅に取引条件を厳しくした場合、「優越的地位の濫用（大企業が一方的に取引条件を変更したりして、相手方に不当に不利益を与えること）」に当たり、独占禁止法違反となることがある。これは、第10章で触れる。

　このように、企業が活動するためには、商法や会社法だけでなく、さまざまな法律が関係してくる。本書では、まえがきで述べたとおり、序章で取り上げたすべての法律との関係を順に説明する。まず以下では、一般法といわれる民法と企業法との関係を考えてみたい。とりわけ、取引の安全が重視される企業法においては、民法と考え方がどのように異なるか、権利外観法理を取り上げて、説明することとする。

2　民法と企業法との関係　〜権利外観法理の比較

　権利保護に関して説明するときに、忘れてはならないのは、表見

法理である。権利外観法理ともいう。もちろん民法の講義で学習したと思うが、商法では、民法よりさらに取引の安全を保護することを理解していただくため、名板貸という制度を取り上げて説明する。

ここでは、「他人が勝手に誰かの名称を使って取引した事例」を考えてみよう。民法では、表見代理とは、代理人が「自ら代理人」と称しているが、代理権がなかった場合（無権代理）、通常はその代理行為は無効となるが、①外観（公示）の存在、②本人の帰責性、③相手方の善意無過失の要件が備わっているときに、無効な行為を有効にして本人に責任追及しようという制度である。具体的には、民法109条（代理権授与表示がある）、民法110条（権限ゆ越：基本権限がある）、民法112条（代理権消滅後）で規定されている。他にも債権の準占有者に対する弁済など、民法の表見法理は、①〜③（特に善意無過失）がポイントである。その点、商法ではどうなっているだろうか。

先に挙げた事例をわかりやすくするために、「他人が勝手に誰かの名称を使って営業を行った場合」として、以下の事例を考えてみよう。

【事例】Aさんは、知人の有名なタレント「村木拓也（仮名）」の名前を借りて、レストラン「ビストロ村木」を開業した。その店はテレビでも紹介され、「ビストロ村木」がタレント村木さんの経営する店だと思い、多くの顧客で店は繁盛した。
　しかし、タレントレストランのブームにかげりがみえて、「ビストロ村木」も売上が大幅に落ち込んだ。Aさんは、食材を買いつけたBさんら債権者に責任を負うが、村木さんは、どのような責任を負うか。

もし勝手にAさんが村木さんの名前を使用した場合は、村木さんは、商号使用の差止を求めることとなる（第2章参照）。もし村木さ

んが自らの名前の商号使用を承認していた場合、または黙示で承認していた（知っていたが何も対策をとらなかった）場合には、名板貸の責任が発生する。名板貸とは、広く名義を貸して営業させることをいう。名義使用を許諾した名板貸人（＝村木さん）は自己を営業主と誤認した取引の相手方に対し、その取引により生じた債務につき名板借人（＝Aさん）と連帯して責任を負わなければならない（図2）。

図2　名板貸（権利外観法理）

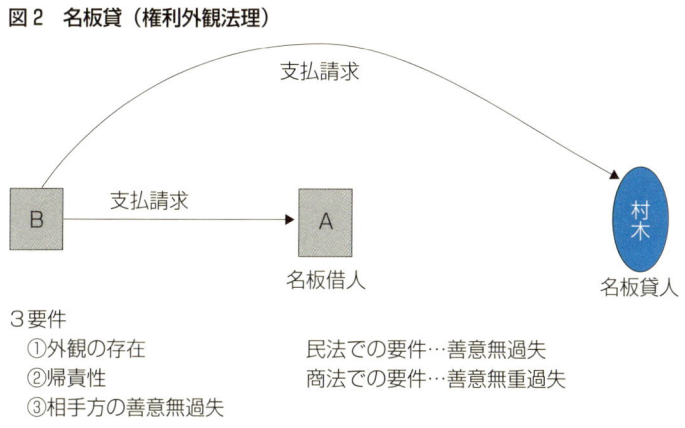

3要件
　①外観の存在
　②帰責性
　③相手方の善意無過失

民法での要件…善意無過失
商法での要件…善意無重過失

　本章の事例においてタレントの村木さんは、Aさんの営業の責任を負わなければならないのだろうか。Bさんが、「ビストロ村木」は本来Aさんの事業で、村木さんには関係がないということを知っていれば、村木さんは何も責任を負わないはずである。しかし、Bさんが「ビストロ村木」は村木さんの事業であると、善意無重過失で信じていた（取引の相手は村木さんであってAさんは村木さんの代理人であると誤信していた）場合には、村木さんはBさんに「ビストロ村

木」の売掛金などを支払う必要がある。これを権利外観法理(けんりがいかんほうり)という。

　商法上は、名板貸人は、商人であることが必要であるとされているが、商人以外にも（つまりタレント村木さんにも）、類推適用（直接は適用できないが、要件の一部を緩和して適用すること）が可能と理解されている。

　このように民法の特別法である、商法、企業法では、善意無重過失のように、より取引の安全が重視される。つまり民法では、たとえば一生に１回取引する不動産の事例を念頭に、個人の立場で利害関係を考えれば良いが、企業などの商人間では、より取引が活発なため、合理的なルールでトラブルを解決しないと、取引がストップしてしまう。企業法では、それゆえ、このような視点が重要視される。

　さらに本書では、会社の視点と従業員の視点とに分けて、各章を読んでいただきたい。たとえば、社会保障法や労働法が想定する当事者は従業員である。これが企業法にいう商人（つまり、会社）という当事者と社会保障法や労働法がいう従業員という当事者と異なることを、念頭において読むとより理解が深まる。さらに金融商品取引法では、一般投資家の視点も加わる。このように、本書でいう企業法とは、企業そのものだけではなく、企業と関係する個人の法律関係も含めた法領域と理解していただきたい。

3　法律行為の特則「商行為」

　民法は、法的効果を生じさせる一定の行為を法律行為と規定している。両当事者が私人である場合を法律行為というが、特に一方または双方が商人の場合、商法では商行為と定義している。行政法で

は、取引の一方または双方が行政・公共団体の場合、法律行為を行政行為と呼んでいるのと同様な特則である。

　商法では、企業の主体としての商人と、企業取引に相当する商行為という考え方をとっている。商行為一般について、商法は、民法の特則をおいている。以下では、この特則の解説を読むことで、商法の特質といったものをつかんでいただきたい。さらに企業に対して適用される法律の全体像を理解していただければと思う。

（1）商人とは何か

　商人とは、基本的に、「自己の名で商行為をすることを業とする者」をいう。商行為とは、商人でないものが1回限り行っても商行為となる絶対的商行為、営利の目的で継続的になされるときに初めて商行為となる営業的商行為がある。

　商法では、「自己の名前で商行為することを業とするもの」が商人とされている。つまり自分の名前で、くりかえし、商行為を行うものが商人とされる。ある物品をA地点からB地点に動かすこと（物品運送）も商行為となり、これを自己の名前でくりかえし、行うものが商人である。商人に対しては、民法よりも商法が優先して適用される。

　会社の目的は利益を上げることであり、会社は商人であるので、会社法のほかに、商法や経済法（独占禁止法など）が先に適用される。民法と商法の関係は、一般法と特別法の関係であり、企業が関係する分野では商法が適用される。なお、商行為以外の営利行為を営業とするものも商人とみなされる。これを擬制商人という。たとえば、漁師が自分が捕った魚を行商で売っても商行為ではないが、店を設

けると商行為となる。これだけではわかりにくいので、次に商行為を詳しくみていきたい。

(2) 商行為の種類

絶対的商行為は、商法501条において、投機購買、投機売却、取引所における取引、手形（第7章参照）その他の行為が挙げられている。たとえばスーパーマーケットのように、安く仕入れて高く売る行為は投機購買（とうきこうばい）となり、絶対的商行為となる。

次に、営業的商行為には、投機貸借（貸家、レンタカー、レンタルDVD等）、他人のための製造加工（クリーニングなど）、電気ガス供給、運送、作業・労務の請負（不動産上の工事の請負）、出版・印刷・撮影（出版社・印刷業）、場屋（じょうおく）（客の来集を目的とするホテル、レストラン営業など）、両替その他銀行取引、保険、仲立取次（宅建業など）などがある（商法502条各号）。学生が希望する職種の多くは、営業的商行為に含まれる。後ほど分けて解説する。

商行為は、特徴として、営利性、安全性、簡易性、迅速性がある。つまり、商人は、利益を上げ、取引の安全を重視して、速やかに、行為しなさい、ということである。

たとえば、民法上の代理は、本人は代理人に代理権を与えて、代理人は本人のためにすることを示して（顕名（けんめい）という）、意思表示を行わなければならないが、商取引においては毎回顕名をする必要はない（商法504条）。また複数人が同一の債務を負担するときは、民法は分割債務が原則であるが、商行為では複数の債務者の間では連帯債務が原則となっている。このように会社を含む商人の間では、民法に比べて、責任が重くなっている。

第1章
個人商人と法人
商業登記や商人に適用される法の概要を学ぶ

【ねらい】本章では、企業法入門として、個人商人と会社について学びます。まず商人のために働く補助者についてみていきます。その際、巷でよくみかける宅配便などの運送営業、運送取次営業を取り上げて、商人に適用される法について、学びます。さらにその後、個人商人が会社を設立して法人成りした場合を想定して、会社の設立を学びます。その際、登記の意味について詳しく説明したいと思います。

1　商人のために働く者

　本章では、商人の内で商人を補助して働いている人、および商人の外で独立の代理店として商人のために働いている人について説明する。そして運送業者を例に取り上げて、個人営業をしていた商人が会社を設立して法人となった場合に、適用される法を大まかに学習し、特に商業登記を詳しくみていくことにしたい。

　会社のなかにおける従業員（の権利）については、第8章（労働法）に譲るが、会社法・商法のなかでも、一部登場する。会社法では、従業員といわず、使用人という。通常、使用人と会社との関係は雇用契約であるが、役員と会社とは委任契約による。つまり役員は、急に株主総会で解任されても、労働法の保護はない。以下では、商法に登場する人物を説明する。

①支配人

　使用人のなかで、会社（または商人）の本店または支店の事業の主任者（営業部長など）を支配人という。支配人とは古めかしい言い方

で、現在ではホテルや百貨店くらいしか、使われていないかもしれない。しかし支配人は、会社または商人に代わり、事業に関する一切の権限をもつ。たとえば、支配人はその支店における使用人の選任または解任をすることができる。

②高級使用人

支配人のほか、高級使用人と呼ばれる「営業に関するある種類または特定の事項（たとえば、販売・仕入れ・貸付）」について委任を受けた使用人がいる。昔は、番頭、手代と呼ばれていたが、現在では部長・課長・係長などと呼ばれる。これらの人たちは、販売とか仕入れなどといった特定の権限内で、その事項に関し自分1人で取引を完結することができる。

③代理商

代理商とは、特定の商人のために、通常その商人の営業の部類に属する取引の代理または媒介をする者であり、その商人の使用人でない者をいう。代理商は、特定の商人のために営業を補助するので、商人と継続的な関係をもち、商人の使用人のようにも思えるが、実際には商人に従属はしない。

代理商のなかには、代理商契約の実行行為として本人の名で、代理人として第三者と契約を締結する締約代理商と、本人と第三者との契約成立のための事実行為（調査・折衝・紹介）のみを行う媒介代理商がある。

④外務員

投資の勧誘をして、証券取引の注文や金銭の支払を求める者を外務員という。外務員は契約を締結するので代理商であるが、独立した外務員のほか、営業主である会社内部の従業員であることもある。

正確には外務員ではないが、生命保険外交員には受動的代理権を認め、損保募集人には契約締結権を認められるべきとする有力な学説がある。

コラム1 ● 外務員・代理店

　生命保険の場合には、本人と保険会社との契約の成立のために事実行為（斡旋(あっせん)）を行い成立した契約について本人（保険会社）から手数料を受ける。これを媒介代理という。一方損害保険の場合、代理契約の実行行為として本人（保険会社）の名前で、第三者と契約をし、成立した契約について本人（損害保険）から手数料を受ける。これを締約代理という。保険会社は、外務員1人1人が代理店となり、保険の契約を募集する。

　それに対し、外務員は金融商品取引業者（証券会社など）・証券業登録業者（他業種、たとえば銀行など）・金融商品仲介業者の職員のうちで、日本証券業協会の登録を受け、証券取引業、デリバティブ取引（第12章参照）の勧誘を、顧客に対して行う者である。金商法64条の7第1項、第2項によると、外務員の登録は、内閣総理大臣が日本証券業協会に委託する方式で行っており、外務員登録を受けるためには同協会の行う外務員登録試験に合格しなければならない。なお、証券会社に属する外務員の場合でも、社員として固定の給与をもらう社員外務員のほか、売上により歩合給が支給される歩合外務員がいる。

　外務員は実際に顧客を訪問したり、本店または支店で顧客に対し有価証券の募集、勧誘を行うなど、営業活動を行う。もし外務員資格がないと、顧客に勧誘ができないため、営業課に配属などはできなくなる。したがって、外務員試験に合格しないと、勤務地等に支障が出るので、しっかりとした準備が必要である。

なお外務員になっても、外務員が成年被後見などに該当したり、一定の法令に違反すると一定期間外務員資格が取り消される。その場合、外務員業務はできなくなる。

2　個人商人の運送業者と運送契約・約款
(1) 運送契約とは何か

　運送とは、人または物を場所的に移動させることをいう。最近インターネット上の通信販売利用者の急増など運送業者の荷物取扱個数が飛躍的に伸びており、またトラック1台あれば簡単に起業できるので、個人商人も多い。一方で法人の大手・中堅の運送業者も多いが、どのような取引形態になっているのだろうか。トラックで物を運んだり、タクシーで人を運ぶ運送契約は、飲食業と並んで、新規に従事する人が多い。しかも会社同士の取引が複雑で、元請けや下請負など法律的な問題を抱えた業態でもあるので、ここで詳しく説明したい。

　まず、自分が宅配便を送るときのことを思い出してほしい。宅配便は、正式には物品運送契約という。運送人（業者）がその保管のもとで、物品の運送をし、相手方（顧客）がそれに対し報酬（運送賃）を支払うことを約束する契約である。通常、顧客は大手運送（人）会社の事務所に荷物を持ち込んで、運送代金を支払うが、受取人払でも問題はない。

　運送契約は、ケースバイケースで、金額などの契約内容が異なってもかまわないが同じ内容の取引契約を大量に行うために、迅速に運送する必要があるので、契約内容をあらかじめ同じものにした約

款(かん)を作成し、実際はこれにより運送契約が締結される。約款を変更するには、官庁が審議会等の意見を聴いたうえで認可をするため、消費者保護も考慮されている。

　商法の規定と異なる内容の約款の場合、(任意規定であれば)商法の規定より、約款の規定が優先する。宅配便業者は、個人が顧客の場合、基本的に同じ内容の契約を締結する。顧客ごとに異なる契約をすることは、通常ない。

　契約上は、荷送人(にそうにん)と運送人が契約を締結するが、目的物が目的地に着いた後は、荷受人が契約上の権利を取得する。なお運送人は、本人がすべての契約を履行する必要はなく、履行補助者(下請けなど)を使って目的物を運送してもよい。

　運送品の到着が遅れたり、破損したりした場合、荷送人は運送人に対し損害賠償を請求できる。この場合、特約で賠償責任が軽くなったり、または免除になることもある(通常は約款で規定されている)。

(2) 下請けと相次運送

　顧客から依頼を受けた1つの荷物を、1社が荷送人から受け取り荷受人まで運送することもあるが、数人の運送人が相次いで運送を

図1　広義の相次運送

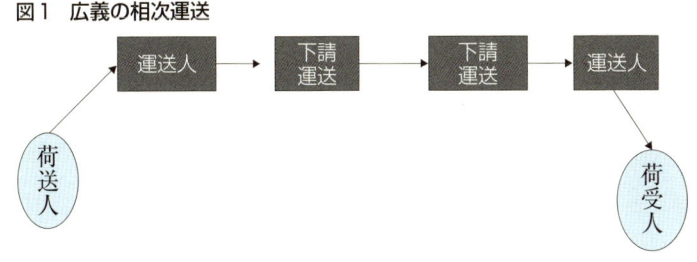

なすことがある。これを相次（そうじ）運送（そうじうんそう）（狭義の相次運送とは、運送人と直接契約する運送（補助）人のみの場合である）という。しかし通常は、荷送人と直接契約するのは大手の運送会社であり、小さな会社は大手会社の下請けとして、荷送人とは直接法的な関係に立たないケースが多い。これは、相次運送ではなく下請けである（広義の相次運送には、下請運送も含まれる。図1）。大手の運送会社の前に個人名が車体に書かれたトラックが停まっていれば、それらは下請運送であろう。この場合1通の運送状（複写式の伝票のことも多い）で、大手運送会社が荷送人との間の契約を締結することで済む。

　実際には、規制緩和により参入した新規企業（個人商人も含む）の9割以上が保有トラック5台以下の零細企業であり、第4次、第5次下請けまで存在する場合まである。特に小さな会社が、トラックの稼働率を維持するためには、低額の運送賃でも引き受けざるをえず、零細な企業の経営は非常に厳しくなる。行政は下請代金遅延防止法などを規定して、下請代金が不当に安くならないように、取引の適正化を図っている。

（3）損害賠償責任

　運送品の到着が遅れたり、滅失または毀損したりした場合に、荷送人は運送人に対し損害賠償を請求できる。運送人は、運送人が使用した運送取扱人、下請運送人の過失により遅れたことを主張しても免責されず、免責を主張するためにはこれらの者に過失がなかったことを立証しなければならない。責任転嫁は許されない、ということである。

　ただし、運送品に何百万円もする陶器など高価品が入っており、

運送中に壊れた場合、荷送人が荷物の種類や価格を前もって通知しておかなければ、運送人は責任を負わない。高価品とは、法的にいうと、体積等に比べて著しく高価な物をいい、貴金属、高級美術品などがそれに該当する。

運送人の責任は、運送賃の支払が済み、荷受人が運送品を受け取ったときに消滅する（ただちに発見できない瑕疵の時は、引渡しから2週間以内に通知をしたときは除く）。商法では、運送人の責任を軽減しているのである。

しかし、損害賠償責任などの運送人に対する債権が発生したとき、もし運送人が個人の場合には、無限に責任を負担しなければならない（個人の資産もすべて取られてしまう）。この点について、後ほど説明するが、会社の場合には、有限責任原則（株主が出資した以上の責任は負わない）が適用されるため、株主は出資した額以上の責任を負わずに済む。この点は、税務上の理由と並んで、個人商人が法人成りをする大きな理由である。

（4）旅客運送

物を目的地まで運送する物品運送に対し、人（旅客）を目的地まで運送する旅客運送契約があり、対価として運送賃が支払われるため、これも請負契約である。

これまでは、乗車券を発行して契約を成立させていたが、最近は電子的な支払方法により、運送契約が成立することが多くなってきた（JR東日本発行の電子マネーSuica_{スイカ}など）。

平成24（2012）年5月に起きた高速バス事故においては、7名もの乗客の命が奪われたが、この高速バスの旅客運送会社は、自己また

はその使用人に過失がなかったことを証明しない限り、旅客が運送中に受けた損害を賠償しなければならない。バス事故においては、事故を起こした運転手（使用人）に過失があれば、旅客運送会社が損害賠償責任を負わなければならないが、高速バス事故では多くの人命が失われたため多額の賠償が必要であった。さらに名義貸など違法な運送状態であれば、保険等の適用がないため、被害者救済は困難となる。このように、旅客運送は、多くの人命を預かるため、非常に重い責任が生じる。つまり商法上の商行為は、一度に多くの顧客と契約を締結するので、その責任も重くなる。

　旅客だけでなく、手荷物に対する損害についても、旅客運送人は、物品運送人と同一の責任を負う。つまり手荷物などが滅失毀損した場合、旅客運送人は、手荷物の所有者に対して損害賠償責任を負わなければならない。このように、ふだん何気なく乗っている電車やバスにも、商法の範囲が及んでいるのである。

(5) 運送取扱人

　運送取扱人とは、コンビニエンスストアなどが、宅配便の荷物を、手数料（たとえば、1個150円）を得て、自己の名で物品運送の取次を行うことをいう。運送取扱人は、自己の名において（領収書の印鑑はコンビニエンスストアの印となる）運送契約を締結する。しかし旅客の運送を取り次ぐ業者（旅行代理店）などは、自己の名で運送に関する切符を発行したり、ホテルのクーポンを発行したりすることもできる。これを準問屋という。

3　会社の設立と登記　〜個人商人が法人成りをして会社となる

　運送営業を題材にして、商法がどのように関わるかを説明したが、序章で説明したように、営業規模が拡大すると、会社組織にすることが多い。これを法人成りというが、以下はその法人成りを念頭において、会社の設立について説明することとする。

　宅配便業者は、トラック 1 台から営業できるため、個人事業者が多い。しかし売上が 1,000 万円を超えると、税金の関係もあり、法人にして、家計と事業の資金を分けたほうがよい、と税理士はアドバイスする。個人の場合には、別の名前で事業を行ってもよいが（商号）、多くは個人と事業の財産は区別していない。それを区別して、なおかつ、費用計上でき、複式簿記の適用がある事業申告をするために、法人成りをして会社を設立することが多い。

　以前は商法に従い会社が設立されていたが、平成 17（2005）年に、商法から会社法が独立した。その結果、全体で 851 条からなる大部な法律であった商法の、33 条から 500 条までが削除された。

　株式会社（または合同会社）の場合、有限責任原則の適用があり、出資者（株主）は出資金がゼロになってしまうことはあるが、それ以上の責任は負わない。会社法となって、株式会社の資本金が事実上ゼロでも株式会社の設立ができるようになった。しかし実際には、会社の売上が入金されてくるまで、通常数ヶ月かかるので、営業するためには、借入をしない限りは、資本金を含む資金は必要である。

　個人商人が法人成りをするときには、下記の手続が必要となる。教科書で手続まで書いてあるものは少ないが、実務では重要である。イメージをつかんでもらうためにも、会社設立の基本的な手続を説明する。

(1) 定款（会社の基本的事項を決める書類）作成準備

商号（会社名）、本店所在地（会社の住所）、目的（会社が行う事業）、資本金（設立時の出資金）の額、設立時に発行する株式の数、会社が発行できる株式の数、取締役の氏名・任期、公告の方法などについて、発起人間で協議して決定する。それを定款として書面にしておく。

(2) 同一住所・同一商号の確認

会社は、同じ場所に同じ名前のものがあってはならないこととなっているので、会社を設立しようとしている場所に、同じ商号の会社が存在しないかを確認する必要がある。

その場合、会社を設立しようとしている場所を管轄する法務局で、同じ場所に同じ商号の会社が存在しないかを確認する。

(3) 会社代表者印作成

会社代表者印は、いわゆる「会社の実印」「丸判」と呼ばれる。発注後完成までに時間がかかるため、商号（会社名）の確認が終わったらすぐ注文するほうがよい。その際、ほかに必要な銀行印なども作ることが多い。

(4) 定款作成

定款とは、会社の基本的な事項を定めたもので、次の事項を記載する。

①必要的（必ず）記載事項

商号、本店所在地、目的、資本金（設立時の出資金）の額、発起人

の住所・氏名。

②任意的（書かないと効力がない）記載事項

株式が「譲渡制限」である旨（会社法では、全株式に譲渡制限がついていると、さまざまな優遇措置がある）、設立時に発行する株式の数、会社が発行できる株式の数、取締役の氏名、公告の方法、取締役の任期、営業年度、その他末尾に発起人の氏名を記載し、印鑑（発起人の実印）を押印し、各ページを、同じ印鑑で割印する。この定款を3部作成し、そのうち1部に、収入印紙4万円分を貼り、定款の最終頁に同じ印鑑（発起人の実印）で割印する。

(5) 公証人の認証

最初の定款（原始定款という）は、公証人の認証が必要である。認証とは、公証人という役人からもらう公的な証明のことである。

定款の認証を受ける方法は、基本的には次のような手順をふむ。公証人役場に作成した定款3部、定款に押したものと同じ印鑑、認証を受けるための費用を持って行き、公証人に認証をしてもらう。その際1部は公証人役場で保管し、残り2部は設立登記に用いる。

(6) 資本金の払込

発起人代表の口座に、資本金に相当する額を払い込む。その金額が記帳された通帳を登記用にコピーして、法務局に提出する。

(7) 株式会社の設立登記

最後に、法務局で株式会社設立登記申請を行う。設立登記申請の手続は、受付の職員に申請書類を渡し、登記受領証をもらうこととと

なる。登記申請代理は、通常司法書士の仕事である。代理申請してもらうと、その際司法書士から完了日の指示があるので、その日時に法務局に行くと登記が完了して、会社が設立される。つまり会社は、設立登記で新たに法人となる。その後法人の銀行口座などを作成することとなる。

（8）設立後の手続等

その後、ただちに営業開始とはいかない。まず、税務署に法人設立届等、都道府県税事務所に法人設立届、従業員を雇う場合・雇った場合には、社会保険の手続が必要となる。また、建設業など、許可や認可等が必要な事業については、その事業の許可申請等が必要となる。これらは通常、税理士と行政書士の仕事である（弁護士は、登記も含めて、すべて自分でできる！）。

このようにして登記申請が受理されると、個人営業とは異なり、設立されたA株式会社自体が取引の主体となり、個人商人は、晴れて会社の代表取締役となる。もちろん「創業は易く守成は難し」。その後黒字を維持して経営を続けていかないと、すぐに倒産の憂き目をみることになる。

4　商業登記

3では、法人成りした個人商人を念頭に、設立手続を説明したが、民法上の不動産登記（対抗要件）と異なり、会社の法人格は商業登記である設立登記で付与される。つまり設立登記は、効力の発生要件となる。

商業登記とは、商法・会社法の規定により、商業登記簿に為す登

記をいう。商業登記簿には、株式会社登記簿のほか、商号登記簿、支配人登記簿などがあり、登記所（法務局）に備えられている。商業登記はもっとも一般的な公示方法といわれる。誰でも、法務局に行けば、不動産や会社の登記簿謄本（現在事項証明とか、資格証明とも呼ばれる）を取ることができる。

私が講義で学生によく言うことの1つに、就職して営業業務に従事し、新しい取引会社を開拓した場合には、たとえ自腹で手数料の700円を支払っても、登記簿謄本を取得し確認したほうがよい、ということだ（申請の仕方については、**図2**および**図3-1**、**3-2**参照）。

現在は法務局に行かなくても、インターネットで登記事務ができるようになっている。このオンライン登記情報提供制度は、登記所が保有するコンピュータで処理された登記情報を、インターネットを利用して、一般利用者が自宅または事務所で確認することができる制度である。

以前は、原則として登記所まで行って、登記簿謄本を請求するか、郵送による謄本の送付を請求する必要があったが、オンライン登記情報提供制度の実施により簡単に登記情報を確認することができることとなったので、より一層知らないでは済まされないこととなった。

このように商法は、会社や商人に適用される法律で、簡易迅速性という特徴があり、取引の安全を重視し、実際の契約内容よりも外観（公示、つまり登記など）が優先するという特徴もある。

商法・会社法では、商業登記の一般的効力として、登記前は登記内容を善意の第三者には対抗できないとする。逆に、登記してしまえば、善意の第三者に対抗できることとなる。

図2 登記事項証明書等交付申請書

会社法人用	登記事項証明書 登記簿謄抄本　交付申請書 概要記録事項証明書

※ 太枠の中に書いてください。

窓口に来られた人 （申請人）	住　所	東京都千代田区九段南一丁目1番15号	収入印紙欄
	フリガナ	コウノ　タロウ	
	氏　名	甲野　太郎	収入 印紙
商号・名称 （会社等の名前）		法務商事株式会社	
本店・主たる事務所 （会社等の住所）		東京都千代田区霞ヶ関一丁目1番1号	収入 印紙
会社法人等番号		0101-01-000001	

※ 必要なものの□にレ印をつけてください。　※分かっている場合には，記載してください

請　求　事　項	請求通数
①全部事項証明書（謄本） 　☑ 履歴事項証明書　（閉鎖されていない登記事項の証明） 　□ 現在事項証明書　（現在効力がある登記事項の証明） 　□ 閉鎖事項証明書　（閉鎖された登記事項の証明）	1 通
②一部事項証明書（抄本）　　※ 必要な区を選んでください。 　□ 履歴事項証明書　　　　　　□ 株式・資本区 　□ 現在事項証明書　　　　　　□ 目的区 　□ 閉鎖事項証明書　　　　　　□ 役員区 　　　　　　　　　　　　　　　□ 支配人・代理人区 ※商号・名称区及び会社・法人状態区　※2名以上の支配人・参事等がいる場合で， 　　　　　　　　　　　　　　　その一部の者のみを請求するときは，その支 は，どの請求にも表示されます。　配人・参事等の氏名を記載してください。 　　　　　　　　　　　　　　　（氏名　　　　　　　　　　　） 　　　　　　　　　　　　　　　（氏名　　　　　　　　　　　） 　　　　　　　　　　　　　　　□ その他（　　　　　　　　　）	通
③□代表者事項証明書　（代表権のある者の証明） ※2名以上の代表者がいる場合で，その一部の者の証明のみを請求するとき は，その代表者の氏名を記載してください。（氏名　　　　　　　　　）	通
④コンピュータ化以前の閉鎖登記簿の謄抄本 　□ コンピュータ化に伴う閉鎖登記簿謄本 　□ 閉鎖謄本（　　　　年　　月　　　日閉鎖） 　□ 閉鎖役員欄（　　　　年　　月　　　日閉鎖） 　□ その他（　　　　　　　　　　　　　　　）	通
⑤概要記録事項証明書 　□ 現在事項証明書（動産譲渡登記事項概要ファイル） 　□ 現在事項証明書（債権譲渡登記事項概要ファイル） 　□ 閉鎖事項証明書（動産譲渡登記事項概要ファイル） 　□ 閉鎖事項証明書（債権譲渡登記事項概要ファイル） ※請求された登記記録がない場合には，記載されている事項がない旨 の証明書が発行されます。	通

収入印紙は割印をしないでここに貼ってください。
（登記印紙も使用可能）

交付通数	交付枚数	手数料	受付・交付年月日

（乙号・6）

※証明書発行請求機が設置されている登記所においては，発行請求機を操作することにより本交付申請書を作成することができます。その場合には，本交付申請書を記載していただく必要はありません。詳しくはhttp://www.moj.go.jp/MINJI/minji11.html（法務省ホームページ）を御覧ください。

図3-1 株式会社に関する登記事項証明書の例

1 施行前の登記

商　号	第一電器株式会社	
本　店	東京都中央区京橋一丁目1番1号	
公告をする方法	官報及び東京都において発行される日本新聞に 掲載してする	
会社成立の年月日	平成15年11月1日	
目　的	1　家庭電器用品の製造及び販売 2　家具、什器類の製造及び販売 3　光学機械の販売 4　前各号に附帯する一切の事業	
発行する株式の総数	4000株	
発行済株式の総数並びに種類及び数	発行済株式の総数 　　1000株	
資本の額	金5000万円	
株式の譲渡制限に関する規定	当会社の株式は、取締役会の承認がなければ譲渡することができない	
役員に関する事項	取締役　　　　甲　野　太　郎	
	取締役　　　　乙　野　次　郎	
	取締役　　　　丙　野　五　郎	
	東京都大田区東蒲田二丁目3番1号 代表取締役　　甲　野　太　郎	
	東京都文京区目白台一丁目21番5号 代表取締役　　乙　野　次　郎	
	監査役　　　　戊　野　六　郎	
	代表取締役甲野太郎及び代表取締役乙野次郎は共同して会社を代表する	平成16年　3月25日設定 平成16年　3月29日登記
登記記録に関する事項	設立 　　　　　　　　　　　　　　　　平成15年11月　1日登記	

図 3-2 株式会社に関する登記事項証明書の例（現行）

2 施行後の登記

商　号	第一電器株式会社	
本　店	東京都中央区京橋一丁目1番1号	
公告をする方法	官報及び東京都において発行される日本新聞に 掲載してする	
会社成立の年月日	平成15年11月1日	
目　的	1　家庭電器用品の製造及び販売 2　家具、什器類の製造及び販売 3　光学機械の販売 4　前各号に附帯する一切の事業	
発行可能株式総数	4000株	
発行済株式の総数 並びに種類及び数	発行済株式の総数 　　　　1000株	
株券を発行する旨 の定め	当会社の株式については、株券を発行する	平成17年法律第87号第1 36条の規定により平成18 年　5月　1日登記
資本金の額	金5000万円	
株式の譲渡制限に 関する規定	当会社の株式は、取締役会の承認がなければ譲渡することができない	
役員に関する事項	取締役　　　甲　野　太　郎	
	取締役　　　乙　野　次　郎	
	取締役　　　丙　野　五　郎	
	東京都大田区東蒲田二丁目3番1号 代表取締役　甲　野　太　郎	
	東京都文京区目白台一丁目21番5号 代表取締役　乙　野　次　郎	
	監査役　　　戊　野　六　郎	
	代表取締役甲野太郎及び代表取締役乙野次郎は 共同して会社を代表する	平成16年　3月25日設定
		平成16年　3月29日登記
取締役会設置会社 に関する事項	取締役会設置会社	平成17年法律第87号第1 36条の規定により平成18 年　5月　1日登記
監査役設置会社に 関する事項	監査役設置会社	平成17年法律第87号第1 36条の規定により平成18 年　5月　1日登記
登記記録に関する 事項	設立	平成15年11月　1日登記

※青囲みは、登記簿上反映されていなくても、整備法により登記（赤囲み）されたものとみなされるものを示しています。

たとえば、商人Aが支配人Bを解任した場合、商人Aが商業登記をしないうちに、解任を知らないCがBと取引したときには、商人Aは取引の責任を負わなければならない。しかし登記を完了すれば、たとえCが解任を知らなくとも、商人Aは責任を負わない。これが、商業登記の一般的効力である。

　つまり、Cが取引先である商人Aの登記簿を見なかったために、CがAの支配人登記やすでにBに支配人としての権限がないことを知らなかったとしても、Cの損害の責任をAは負わなくて良いこととなる。

　本章で説明したように、個人でも商号を登記すれば公示されるが、法人では登記をすることが効力発生の要件であり、特に企業間では重大な公示となる。登記は重要と理解しておこう。

第2章

商号と知的財産権
商人の商業帳簿と知的財産権の概要を学ぶ

【ねらい】本章では、タレントの名前を使用したレストランを題材にして、開業したレストランの債務、および商業帳簿について学びます。そこから発展させて、さらに商号の保護、権利としての知的財産権の概要も学びたいと思います。コラムでは、実際によく目にするチェーンストア契約であるフランチャイズ契約、そして会社の勤務時間内に発明した権利の取扱いについても学びます。

1 個人商人の商業帳簿または会社の計算

序章で取り上げたレストランの事例（6頁）を思い出してほしい。Aさんは、B商店から材料を仕入れ、レストランで料理を提供している。毎月B商店には仕入代金としての債務が発生する。さらに酒屋への支払等々、電気ガス水道の公共料金もある。第1章で学習したように、Aさんは、反復継続して、営業的商行為であるレストランという「場屋営業」を行っているため、商人である。商人は、営業財産および損益の状況をあきらかにするため、商業帳簿を作成する義務がある。納税しなければならないからである。通常、個人商人には、青色申告や白色申告のように、事業主として申告し、納税する義務がある。

そのためには、Aさんは営業活動で生じる現金や商品の動きを把握しなければならない。材料の仕入れやレストランの売上金額を売掛金や買掛金など項目別に仕分け、債務の変動を金額で表して記録・計算・整理する必要がある。これが簿記である。簿記で作成さ

れるものが、商業帳簿である。

　同様に、株式会社に作成義務があるものは計算書類と呼ばれる。なかでも最も重要なのが、貸借対照表（たいしゃくたいしょうひょう）である。一定の時期（通常は決算期）における商人（会社）の財産を、資産（借方（かりかた））と負債（貸方（かしかた））に分けて記載し（複式簿記という）、現在保有している財産と本来有するべき財産とを比較して、記録する帳簿である（**図1**）。

　貸借対照表の作成の形式は、商人の場合商法施行規則が定めるが、株式会社では会社法計算規則、特に証券取引所に株式を公開している上場会社では財務諸表規則が該当する。株式会社では、株主（出資者）は出資以上に債権者に何の責任も負わない。株主と経営者が異なることも多く、債権者保護のためにも、会社の計算の規定は強行法規（違反すると無効となる）が多い。上場会社については、さらに厳しい規制が、規定されている（余談だが、法学部の学生は、数字に弱い人が多い。文系出身であっても、サラリーマンとして会社に入ると、経理だけでなく、営業目標などすべて数字の世界である。表計算ソフトと同じく、会社計算はマスターすべき知識であろう。できれば、大学4年生のうちに簿記の資格などを取得しておくと、のちのち楽になる）。

　会社が一定期間にどのくらい儲かったか（あるいは損をしたか）については、損益計算書を作成することが通常である（**図2-1、2-2**）。損益計算書とは、取引活動そのものに基づく原因計算である（売上（収益）－費用＝利益）。損益計算書の考え方は、商人や会社に限ったものではなく個人にも利用するとよい（**図3**）。社会人になったら、家計は赤字にならないようにしたい。

　日本で営業利益率（本業で稼いだ利益の割合）がもっとも高い株式会社の1つが、山梨県にあるファナックというロボットの製造・販

図1　貸借対照表例

貸借対照表
○×株式会社
平成×年3月31日現在　　（単位：百万円）

科目	金額	科目	金額
資産の部	900	**負債の部**	500
流動資産	400	**流動負債**	450
現金預金	140	支払手形	250
受取手形	125	買掛金	150
有価証券	50	その他	50
棚卸資産	80	**固定負債**	50
その他	10	長期借入金	40
貸倒引当金	△5	その他	10
固定資産	500	**純資産の部**	400
建物	300	**株主資本**	400
土地	150	資本金	350
その他	30	資本剰余金	30
繰延資産	20	利益剰余金	20
資産合計	900	負債・純資産合計	900

図2-1　損益計算書例

損益計算書
○×株式会社
自×1年4月1日〜至×2年3月31日
（単位：百万円）

科目	金額
売上高	1,000
売上原価	△850
売上総利益	**150**
販売費及び一般管理費	△100
営業利益	**50**
営業外収益	5
営業外費用	△15
経常利益	**40**
特別利益	2
特別損失	△17
税引前当期純利益	**25**
法人税等	△10
当期純利益	**15**

図2-2

売上高／売上原価／売上総利益／販売費及び一般管理費／営業利益	本業で稼いだ利益の計算
営業外収益／営業外費用／経常利益	副業で稼いだ利益の計算
特別利益／特別損失／税引前当期純利益	臨時的に稼いだ利益の計算
法人税等／当期純利益	最終的に稼いだ利益

図3　単純な個人の家計簿

Xさんの損益計算書

(単位：万円)

<u>収益の部</u>
給与　　　　　　　　　　　　　　　　　20
<u>費用の部</u>
食費　　　　　　　　　7
住居費　　　　　　　　5
水道光熱費　　　　　　1
保険料　　　　　　　　1
教育費　　　　　　　　2
通信費　　　　　　　　1
雑費　　　　　　　　　1
費用合計　　　　　　　　　　　　　　△18

利益　　　　　　　　　　　　　　　　　2

http://www.first-kessan.com/より作成

売会社であり、連結売上高4,462億円で、営業利益連結：1,897億円という（平成23年3月期）。実に営業利益率42％！　である（これは、とてつもない数字である）。ちなみに連結売上高というのは、企業グループ内の会社をあわせて1つの企業とみなしたときの全体の売上高のことである。

2　個人商人または会社の商号の保護

　序章で取り上げた例をもう1度ここで思い出してほしい。Aさんがタレントの「村木さん」の名前を使って、レストランを開業したという事例である。

　Aさんの経営する「ビストロ村木」は、味もよく、話題性もあったので、経営的にも成功した。この「ビストロ村木」の成功をみて、Cさんは隣に「トラットリア村木」を開業したところ、「ビストロ村木」より値段が安く、美味しかったので、次第に「ビストロ村木」

の顧客が奪われていった。AさんもしくはCさんにどのような対抗手段をとることができるだろうか。

> ### コラム 2 ● 商号使用の差止
>
> 具体的な例として、「エーザイ」という商号をめぐる裁判例をみてみよう。医薬品の販売等を行っている株式会社エーザイが、魚のえさを販売していた有限会社エーザイ（被告）に対し、商号使用の差止を求めた裁判である。
>
> 平成19（2007）年9月26日に東京地方裁判所で「1　被告は、『有限会社エーザイ』の商号を使用してはならない。
>
> 2　被告は、その営業上の施設及び活動並びに商品に『エーザイ』、『E-ZAI』の表示を使用してはならない。
>
> 3　被告は、『e-zai.com』のドメイン名を使用してはならない。
>
> 4　被告は、別紙登記目録記載の商号『有限会社エーザイ』の抹消登記手続をせよ」という判決が出された。有名な医薬品販売会社の名前を不正に利用していると判断されたのである。
>
> 不正競争防止法によると、
>
> 「他人の商品等表示（人の業務に係る氏名、商号、商標、標章、商品の容器若しくは包装その他の商品又は営業を表示するものをいう。以下同じ。）として需要者の間に広く認識されているものと同一若しくは類似の商品等表示を使用し、又はその商品等表示を使用した商品を譲渡し、引き渡し、譲渡若しくは引渡しのために展示し、輸出し、輸入し、若しくは電気通信回線を通じて提供して、他人の商品又は営業と混同を生じさせる行為」（同法2条1項1号）は「不正競争」とされる。
>
> さらに「不正競争によって営業上の利益を侵害され、又は侵害されるおそれがある者は、その営業上の利益を侵害する者又は侵害するおそれがある者に対し、その侵害の停止又は予防を請求すること

> ができる」(同法3条1項)とある。このような不正使用の事実が認められると、差止請求権が認められる。先の裁判例では、この不正競争防止法により商号の使用差止が認められた。

　問題は、「トラットリア村木」という商号が「ビストロ村木」をまねて、不当な目的でつくられたかどうかである。日本では商号自由主義がとられていて、基本的には商号は自由に付けられる。とはいえ、いくつかの例外がある。たとえば、会社の商号の場合には、会社の種類を示す文字を入れなければならない。株式会社でないのに「株式会社」という文言は使えない。また銀行、保険、信託会社などはそれぞれの業法(銀行法など)で、その営業の種類を商号中に入れなければならないと規定されている。そのため、たとえば、シティバンクの日本で登記された商号は、シティバンク銀行株式会社となる。

　日本では商号を使用する本人の保護が図られている。それに対しフランス法では、商号真実主義がとられていて、たとえばトルシエという名の者がジダンという商号を用いることはできないが、日本では可能である(ちなみに最近、昔は認められていなかった会社名をアルファベットで登記することも可能となった)。

　自由とはいえ日本でも、他人の営業と誤信させるような商号の使用はできない。「村木」という同じ名前を一部使うことでレストランとトラットリアが同じ経営であると一般人を誤認させるような意図がCさんにあった場合、Aさんは、不正競争防止法により商号の使用の差止が請求できる。しかし村木さんがCさんに名前(商号)の

使用を承諾していた場合には、商号の差止の問題は生じない（なお個人商人の場合には、各営業について、別の商号を用いることができる。したがって、Aさんは、レストランは村木、コンビニは草彅、宅配トラックは香取というように商号を使い分けることも可能である）。

商人は、保護を受けるためには、商号登記をしなければならない。仕事の電話をするときに、個人名の「中居です」では、個人の用件だと間違われてしまうかもしれない。そこで、商号である「ビストロ村木」を登記し、電話もすべて「ビストロ村木」の名で行えば、家計と営業を分けやすくなるだけでなく、類似の商号の使用を差し止めやすくなり、商号権が保護されやすくなる。中居がすでに「ビストロ村木」の名称を使っていて、領収書などで法的保護に値することの証明ができれば登記をしなくともよいが、事実上その証明は難しいので、登記するほうが保護を受けるために容易である。ところが、会社は商号を登記しなければならない。この点が大きな違いである。

商号の登記をする際、同一住所に同一商号は認められない。すでに登記されていないかをまず確認しなければならない。この場合同一商号とは、「一般公衆に混同誤認させるような商号」（商業登記法27条他）である。商号権が認められるということは、①他人によりその商号使用を妨げられない権利（商号使用権）と、②他人の不正使用を排斥する権利（商号専用権）が認められる。個人商人は商号の登記義務はないが、実際登記がないと裁判において保護される権利の証明がかなり難しいのがわかるだろう。

事例の場合でも、Aさんがもし商号を登記していなければ、Cさんに「トラットリア村木」の商号使用の差止を求める場合、まず自

分に商号権があることを証明し、さらにCさんが「トラットリア村木」の商号を使うことの不当目的を立証しなければならないので、差止を求めることは実際かなり難しいといえる。

3　知的財産権

本章2では、商人や会社の商号の保護について説明した。もう1つ保護されるべき重要な権利がある。それが知的財産権である。人間の幅広い知的創造活動の成果について、その創作者に一定期間の権利保護を与えるようにしたのが知的財産権制度である。たとえばフランチャイズ契約（**コラム3**参照）などは、商号だけでなく、その営業のノウハウやマニュアルなどさまざまな知的財産権が複合して、1つのフランチャイズ契約となっている。本章で取り上げたレストラン業もフランチャイズが多い業種である。

コラム3● フランチャイズ契約

　日本中どこにいっても、同じ看板のレストランやコンビニエンスストアを目にすることが多い。これらのレストランやコンビニエンスストアは、フランチャイズ契約に基づいているが、実はフランチャイズ契約には定義はない。多数説によると、一方が自己の商号・商標などを使用する権利、自己の開発した商品を提供する権利、営業上のノウハウなど使う権利を提供し、自己と同一のイメージ（ブランド）で営業を行わせ、他方がこれに対して対価（ロイヤルティー）を支払う約束によって成り立つ契約である、とされる。

　通常、商標やノウハウなどを使用する権利を提供する側をフラン

チャイザーと呼び、提供を受ける側をフランチャイジーと呼ぶ。適用される業態としてはコンビニエンスストアの他、前述のレストランなどの外食産業、不動産販売、自動車の整備、学習塾、DVDレンタルといったサービス業に至るまで多岐にわたっている。

法的には、フランチャイズ契約とは、以下の法的内容をもつ複合的契約といわれている。

①商法（「商号」使用の規定）
②商標法（フランチャイズ契約は商標権に関するライセンス契約という側面を有する）
③不正競争防止法（ノウハウを「営業秘密」として保護するため、フランチャイズチェーンに関する名称等の誤認混同を防止する）
④著作権法（営業マニュアルなど）
⑤特許法（フランチャイズシステム自体が特許権の対象となっている場合がある）

フランチャイザー側のホームページなどをみても、フランチャイザー側が「経営の安定性」「高収入」「低リスク」を前面に出し、過大な広告をしている例が目立つ。知名度やノウハウがあれば経営は安定すると思いがちである。しかし、通常コンビニエンスストアのロイヤルティーは売上の3～5％となり、加盟店側には大きな負担である。通常1店舗当たり50～60万円程度の売上が平均といわれるが、平均以下の店も多い。そのため、大きな負債を抱えて廃業する経営者も少なからず出てきている。「フランチャイザーは事業成功の見込みが乏しいと分かっていながら、そのことを告げずにフランチャイズ契約を締結したため、フランチャイジーが見込んでいた収益が得られなかった」として、損害賠償を認めた裁判例もある。商売は厳しいものであると、しっかり認識しておこう。

(1) 知的財産権とは

知的財産権制度とは、知的創造活動によって生み出されたものを創作者の財産として保護するための制度である。「知的財産」および「知的財産権」は、知的財産基本法において次のとおり定義されている。

「知的財産」とは、「発明、考案、植物の新品種、意匠、著作物その他の人間の創造的活動により生み出されるもの（中略）、商標、商号その他事業活動に用いられる商品又は役務を表示するもの及び営業秘密その他の事業活動に有用な技術上又は営業上の情報をいう」（知的財産基本法2条1項）。さらに「知的財産権」とは、「特許権、実用新案権、育成者権、意匠権、著作権、商標権その他の知的財産に関して法令により定められた権利又は法律上保護される利益に係る権利をいう」（同条2項）。

知的財産権は、技術などに関する産業財産権と、文学など表現物に関する著作権等に大別される。産業財産権のなかにはさらに「特許権」「実用新案権」「意匠権」「商標権」という4つの権利があり、これを制度化したものが産業財産権制度である。その1つ「特許権」は、製品に個性をもたらす機能や性能、ブランドなどを保護する。ただし、いつまでも独占権を付与し続けることは好ましくない。そこで「特許権」は有限であり、保護期間が定められている。一方、「商標権」は、ブランドの永続性を確保するために、更新手続を行うことを条件として、無期限に存続することが許されている。

「著作権」は、産業の発展を目指す産業財産権とは異なり、思想（アイデア）そのものは保護対象とならず、思想の表現物が保護対象となる。新たに開発された技術を論文発表した場合、第三者がそれを

まねた論文を発表すると著作権侵害になるが、そこに書いてある技術をまねても著作権侵害にはならない（学生のうちは、レポートを書く際に、つい簡単なので、インターネット上のホームページの記述を、引用した箇所を明記もしないでコピペ（コピーしてペーストすること）をしてしまいそうになるが、これは著作権侵害である）。

創作者が大学や企業に勤めている場合、勤務中に行った発明や発見等に対する知的財産権の帰属については、難しい問題がある（以下**コラム4**参照）。

コラム4● 職務発明

職務発明とは、会社の従業者などが就業時間中会社の設備を使ってなした発明のことである。会社は、職務発明を発明者である従業者から承継することを勤務規定などによってあらかじめ定めておくことができる。会社が従業者から職務発明を承継する場合、会社は相当の対価を従業者に支払わなければならない（特許法35条3項）とされている。この相当の対価とはどれくらいかが問題となっている。

国公立や企業の研究所において、研究をすることを職務とする従業者がテーマを与えられ、研究を命じられた場合に生じた発明は、明らかに職務上の発明となる。従業者と会社は雇用関係にあり、使用者である会社は、従業者である研究者に対し給与の提供をし、研究者の研究能力向上に投資しており、また、研究のための設備・費用を提供するなど発明の完成に大きな貢献をしている。特許法では、こうした使用者の貢献度を考慮して、生み出された発明を実施する権利や、その権利を承継することについて、使用者に補償的な権利を与えている。使用者は職務発明について、従業者から「特許を受

ける権利」（あるいは特許権）を譲り受けることを事前に定めておくこと（予約承継）が認められており、また、従業者がその権利を第三者に譲ってしまっても、使用者には、実施料を支払わずにその発明を実施できる権利（通常実施権）が発生する。

　特許法35条は、特許権自体は従業者が取得しても、会社にはその特許を使用する権利、つまり使用者等の通常実施権（法定実施権）を認めているのである。そして従業者には、「契約、勤務規則その他の定めにより職務発明について使用者等に特許を受ける権利若しくは特許権を承継させ、若しくは使用者等のため専用実施権を設定したとき、（中略）相当の対価の支払を受ける権利を有する」としている（同条3項）。その場合、対価の額は、その発明により使用者等（会社）が受けるべき利益の額と発明における会社の貢献した程度とを考慮して定めなければならない、としている（同条5項）。

　そもそも職務発明が注目された背景には、平成17（2005）年に日亜化学工業と青色発光ダイオードを職務発明した中村修二さんが、その対価について争った事件がある。東京地裁は第1審で200億円という対価を認めたことがある。同事件は、控訴審において日亜化学が中村氏に6億円を支払うということで和解したが、この事件がきっかけとなり、その後特許法35条5項で「使用者等が行う負担、貢献及び従業者等の処遇その他の事情を考慮して定めなければならない」という改正がなされた。

（2）知的財産権の種類

　知的財産権には、著作権などの創作意欲の促進を目的とした「知的創造物についての権利」と、商標権などの使用者の信用維持を目的とした「営業標識についての権利」に大別される（**図4**参照）。

　また、別の仕分けでは、特許権、実用新案権、意匠権、商標権お

図4　知的財産権の種類

		保護対象	例	保護期間	出願方法
知的財産権	産業財産権（営業標識についての権利） 特許（発明）	発明と呼ばれる比較的程度の高い新しいアイデアに与えられます。「物」「方法」「物の生産方法」の3つのタイプがある。	・カメラの自動焦点合わせ機能 ・長寿命の充電池	出願から20年 医薬品等については延長できる場合がある。	願書とともにその技術内容を詳しく説明した明細書・図面を作成し、特許庁に出願手続（出願内容を電子化したオンライン出願）を行う。
	実用新案（考案）	発明ほど高度なものではなく、言い換えれば小発明と呼ばれるものです。実用新案権は無審査で登録される。	・日用品の構造の工夫	出願から10年	
	意匠（デザイン）	物の形状、模様など斬新なデザインに対して与えられる。	・パソコンやオーディオなどの家電製品で独創的な外観を持つもの	登録から20年	願書とともに意匠図面（必要によっては意匠写真）を作成し、出願手続（オンライン出願）を行う。
	商標（マーク）	自分が取り扱う商品やサービスと、他人が取り扱う商品やサービスとを区別するためのマークに与えられる。	・会社や商品のロゴ ・宅配便などのトラックについているマーク	登録から10年（更新あり）	願書とともに商標見本を作成し、出願手続（オンライン出願）を行う。
	著作権等（知的創造物についての権利） 著作権	文学、学術、美術、音楽の範囲に属するもの。	・書籍、雑誌の文章、絵など ・美術、音楽、論文など	創作時から著作者の死後50年（法人著作は公表後50年）	
	半導体集積回路配置	独自に開発された半導体チップの回路配置。	・半導体集積回路の回路配置	登録から10年	
	商号	営業上、法人格を表示するために用いる名称、社名。	・○○株式会社など	期限なし	
	不正競争の防止	公正な競争秩序を確立するために、著しく類似する名称やデザイン、技術上の秘密などの使用を差し止める。	・他人の周知な商品等表示を使用して混同を生じさせる行為 ・ドメイン名の不正取得など	期限なし	
	植物の新品種	育成者権（種苗法）によって、植物の新品種を保護する。	・植物の新品種保護	登録から25年（樹木30年）	

http://www.jpaa.or.jp/consultation/learn/kind.html より、抜粋

よび植物の新品種の育成者権については、客観的内容を同じくするものに対して排他的に（自分の権利を主張できる）支配できる「絶対的独占権」と、著作権、商号および不正競争法上の利益など、他人が独自に創作したものには及ばない「相対的独占権」といわれる分け方もある。

「特許権」は、「自然法則を利用した技術的思想の創作のうち高度のもの」（特許法2条1項参照）が該当し、有償で他人に譲渡し、または使用料を取って使わせることもできる。また他人が勝手に特許製品をまねて生産または販売していれば、差止や損害賠償、または謝罪広告を要求することができる。

「実用新案」とは、特許権のうち、「自然法則を利用した技術的思想の創作」（実用新案法2条1項参照）となり、アイデアやデザインなどが該当するが、特許から高度なものを除くとこのような定義となる。諸外国では、実用新案と発明を区別しない国もある。有名な例としては、「亀の子たわし」がある。

「意匠権」とは、デザインであり、「物品（中略）の形状、模様若しくは色彩又はこれらの結合であつて、視覚を通じて美感を起こさせるもの」（意匠法2条1項）をいう。意匠権侵害として争われた有名な事件としては、たまごっちの意匠権を有する株式会社バンダイが『ニュータマゴウォッチ』の販売差止と廃棄および損害賠償が認められた訴訟がある（東京地判平成10年2月25日判タ973号238頁）。

「商標」は、商号と似ているが、商品やサービスを特定するための名前やマークのことである。マーク自体は「標章」という。たとえば、○○製薬株式会社というのは商号であるが、その販売する薬1つ1つに付けられている名前やマークが商標である。中国で営業さ

れていた日本のキャラクターを模したテーマパークは、この商標権侵害に当たる。他方、中国では、iPadという商標がすでに中国国内で登録されており、米国アップル社が商標権侵害として、訴えられている裁判がある。

「著作権」とは、文学や芸術などに関して創作した人の権利をいうが、創作し発表することによりその権利が与えられる。近年、インターネット上の著作権侵害や違法なソフトのコピーなどが横行しており、大きな問題となっている。

第3章
会社① 株主総会
会社支配権とは何か、利益供与・買収防衛策の判例法理を学ぶ

> 【ねらい】第1章では、会社の設立を学習しましたが、設立後の会社はどのように運営されるのでしょうか。株式会社の最高機関は、社長ではなく、株主総会です。会社法では、会社の機関（取締役会）などがブロック化され、必要な機関だけ選択することができます。しかし株主総会は省略できません。株主総会で議決権の50％以上を有するものは、すべての役員を選任したり、解任したりして、会社をコントロールできます。これを会社の支配権といいます。本章では、株主提案という方法を通じて、株主総会の機能をみていきたいと思います。その際、利益供与など株主総会をめぐる犯罪をどのように防ぐかといったテーマも学習します。

1 会社支配権の争いと委任状争奪戦（プロキシーファイト）

 A会社は、Y社長のスキャンダルで揺れていた。社外取締役および監査役からなるコンプライアンス委員会は、社長らによる会社資金の使い込みをめぐり調査をしていたが、明確な結論が得られないまま、会合を重ねていた。しびれを切らしたX専務らは、会社の改革を掲げて、大口の株主である同業のB社の支援を受け共同で、株主提案を行って、役員の刷新を図ろうとした。それに対して、Y社長らも、X専務に対する反撃として、Xを専務から解任したうえ、XはB社の指示のもと会社の私物化を図り、吸収合併を意図しているなどと、プレスリリースを配信して対抗した。

 その後B社は、Y社長らの解任と新たな社外取締役らの選任を求める株主提案を行った。そしてA社のY社長ら経営陣と役員交代を目指すB社は、委任状争奪戦（プロキシーファイトという）に突入

した。この戦いはどのような結末を迎えるだろうか。

> ### コラム5● 敵対的買収と支配権
>
> 　M＆A（企業の合併と買収。後掲第6章参照）には、いくつかの手法があるが、対象会社の株式を取得して買収するという方法がある。買収の場合、すべての株式を取得しなくても50％以上の株式取得により、役員の選任および解任が可能となる。
>
> 　会社の経営に関する意思決定は、その大部分が代表取締役に委任されていて、多額の投資の決定など重要事項については取締役会が決議している。したがって、会社経営の実権を握るためには取締役の過半数を自分の味方にすればよい。そしてその取締役は株主総会により多数決で選任されるので、会社経営を支配するためには「50％超（過半数）の議決権を得」ればよく、M＆Aはこの議決権を得るため株式を取得することが目標となる。
>
> 　友好的な買収の場合には、対象会社の取締役会が買収に同意していて、買収後も、業務提携や会社経営などが計画どおり進む。しかし、対象会社の取締役会（経営陣）の賛成を得ないで、株式を買い進めることを敵対的買収という。敵対的買収の場合、過半数の株式を取得されてしまうと、現役員が全員解任され、買収者側の選んだ役員が選任されることとなるため、非常に激しい戦いとなる。そのため対象会社の経営陣も支配権を取得されないように、買収防衛策をとる。もっとも一般な方法は、会社に友好的な第三者にのみ新株を発行して、味方の株主を増やすことである。しかしこれを無制限に認めると、現経営陣にのみ有利な株主構成になってしまい、経営陣は続投できても、肝心の会社は経営がうまくいかず倒産するかもしれない。
>
> 　そこで防衛策が、「著しく不公正な方法」に当たる場合には、会社法210条で差止が認められている。敵対的買収に対する防衛策が「不

公正な方法」に当たるのは、どういう場合だろうか。

これまで「主要目的ルール」が裁判所の基準だった。主要目的ルールとは、新株発行の目的が現経営陣の支配権維持（首にならないために居座ること）である場合には不公正発行に当たり、目的が資金調達である場合には不公正発行に当たらないとする見解である。

なお、買収防衛策には新株予約権（ライツ）によるものがあり、ライツプランと呼ばれる。実際に新株予約権を使った有名な事件が、ライブドアによるニッポン放送株買収事件である。世間の注目を集めたこの事件では、ニッポン放送がフジテレビに割り当てた新株予約権が不公正発行に当たるとして差し止められた（東京高決平成17年3月23日判時1899号56頁）。

またブルドックソース事件では、会社側が新株予約権を買収者（米国投資法人であるスティールパートナーズ）以外の株主全員に発行する買収防衛策を発動し、買収者側はこれを不公正だとして裁判となった。最高裁は、最終的に会社側の買収防衛策は、株主平等原則に違反せず、不公正発行に当たらないと判示した（最決平成19年8月7日民集61巻5号2215頁）。こうして日本で最初の、世界でも珍しい新株予約権による買収防衛策が発動された。

株式会社の最高意思決定機関は、社長ではなく、株主総会である。しかし取締役会を設置している会社は、重要なことを取締役会で決定するので、株主総会は、役員の選任や解任、決算の確定、定款の変更など特に重要なことを決めるだけの会議であり、多くの企業では年に1回しか開かれない。

上場企業（株式を証券取引所で売買可能とする会社）の多くは、3月に決算を迎え、6月末に株主総会を行う。これらの企業では、株主

は会社経営に関係ない投資家であり、役員は必ずしも株主ではない。これを「所有と経営の分離」という(会社の種類については、**コラム6**参照)。

> ### コラム6 ● 会社の種類
>
> 日本には、約340万の会社がある。ひとことで「会社」といっても、会社法上で定められた区別がある。よく耳にする株式会社は152万社。ただしこの数には有限会社は含まれていない。有限会社は会社法上株式会社であるが、商号は有限会社となる会社のことで、特例有限会社と呼ばれる。この有限会社が175万社、詳細の規定は省略するが合名会社、合資会社、合同会社もあり、それぞれ合名会社は無限責任社員のみで設立され、合資会社は有限責任社員と無限責任社員の双方が存在する。合名会社は1万8,000社、合資会社8万3,000社、合同会社2万5,000社ある。
>
> 株式会社のうち、上場企業と呼ばれる会社はわずか3,650社ほどであり、また会社法で規定される大会社(資本金の計上額が5億円以上または負債の計上額が200億円以上の会社)でも1万2,000社である。つまり、わが国のほとんどの会社は、中小の株式会社か特例有限会社となる。しかし大学生の就活は、多くの場合上場企業を対象とする。割合で考えると1,000社に1社しかない上場企業に就職希望者が集中するため、競争率が高くなるのは当たり前である。なお平成23年は大学卒業者の就職率が93%ほどに好転したが、これは多くの学生が中小企業も対象に加えた結果といわれている。会社の大小ではなく中身を自分の目で見て判断することが望ましい。

それに対して、中小企業の多くは、株主がそのまま役員となり、所有と経営が分離していない。なお会社法では、会社は株主のものと理解されている。経営学や経済学では、会社は従業員や取引先など多くのステークホルダー（利害関係人）のものと理解されている。異なる分野の研究者と議論してもかみ合わないのは、この会社は誰のものかに関する基本的理解の差が原因となることが多い。

それでは、株式会社の機関をみていくことにしたい。

2　会社の機関
（1）監査役設置会社

株式会社は以前、（ごく大まかにいって）基本的に1つの形しかなかった。この形は、監査役設置会社と呼ばれる。監査役設置会社には、株主総会、取締役会、代表取締役、そして監査役がいて、3名以上の取締役が取締役会に属していた。これが基本形である。以下それぞれの機関の説明をする。

株式会社には、意思決定をする機関として株主総会がある。これは日本の統治機構にたとえると国会に当たると考えればわかりやすいだろう。本来は株主が会社全体の所有者だが、大きな会社の株主ほど経営自体に関心がない株主が多いので、自ら経営に当たらせることは無理である。そこで株主は、年に1〜2回株主総会に参加して議決権を行使することで、基本的事項に関した会社の意思を決定するにとどまる。

そこで株主に代わり、日常の業務に関する意思決定をし、かつそれを実行し、執行および代表して行為をする機関が必要となる。株主総会は取締役を選任し、その取締役により構成される取締役会に

おいて業務執行（支店を開設したり、多額の融資を受けたり、支店長などを選任したりする）に関する意思決定を行わせ、さらに取締役会は代表取締役（社長または会長のこともある。代表取締役が行う行為が会社の行為となる）を選び（選定という）、執行および代表行為を行わせる。その場合お目付役が必要となるが、株主総会は、取締役にすべてを任せることは不安なので、監査の専門家として監査役を選任して、取締役の業務の執行の監査をさせる。会社組織は、これといって完全な形があるわけではないが、株主総会と取締役はどの国の株式会社でも共通の機関である。

図1　監査役・取締役会設置会社

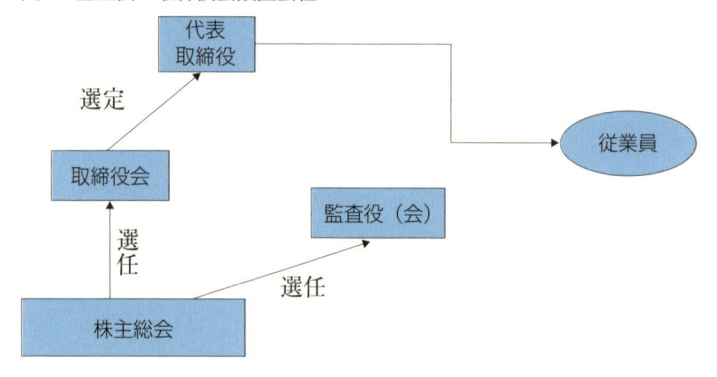

現在、会社法では、会社がどの機関（取締役会・監査役会・会計参与・会計監査人）を選ぶかは、会社の自由とされ、一定のルールのもとで、それぞれの会社が各機関を任意に設置できる。どのように会社を統治するかは、コーポレートガバナンスとも呼ばれる。そのた

めには、会社にどのような機関をおいたらよいかが問題となるが、基本ルールは、①すべての株式会社には株主総会と取締役が必要、②株式の譲渡に承認がいらない会社（公開会社という）は取締役会が必要、③取締役会をおいた場合には、監査役または「3委員会＋執行役」（委員会設置会社という）が必要、である。委員会設置会社は、監査役の代わりに多くの社外取締役を監視のために登用する会社である。委員会設置会社を採用している会社はかつて不祥事を起こした会社が多い。社外取締役を登用して会社のコンプライアンスを確立しようとしたのである。

（2）委員会設置会社

　①委員会設置会社の目的とは

　委員会設置会社とは、監査役をおかず社外取締役を監督として用いる米国型のコーポレートガバナンスの一形態である。社外取締役（現在または過去にその会社の役職員になったことがない者）を監督に用いることにより、従来の取締役の役割のなかで、執行と監督を分離し監督権を強化することが目的の会社形態である。

　②委員会設置会社の取締役会

　委員会設置会社の取締役会のなかに、指名委員会、監査委員会、報酬委員会をおき、それとは別に執行役をおかなければならない。また委員会設置会社には、監査役をおくことができない。

　委員会設置会社の取締役会は、各委員会で業務に関して決定し、執行役の職務執行を監督する。平成23（2011）年11月現在、日本には、約60社の委員会設置会社があるが、近年その数が減っている。

図2 委員会設置会社

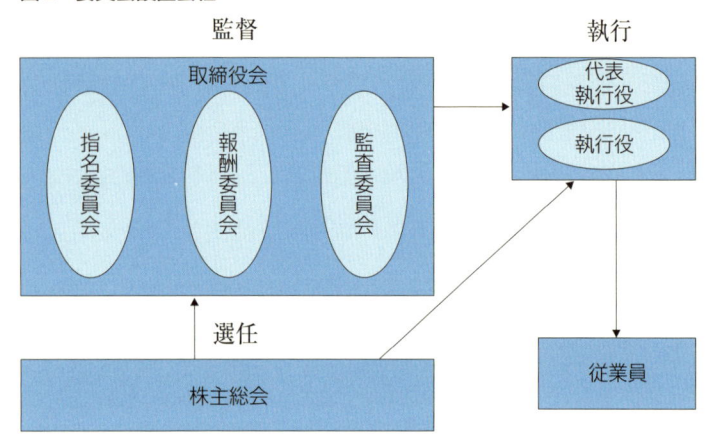

監督　　　　　　　　　　　執行

取締役会：指名委員会、報酬委員会、監査委員会

代表執行役／執行役

株主総会 →（選任）→ 取締役会

執行役 → 従業員

3　株主総会の権限

(1) 招集権者

　株主総会は、株主全員に総会に出席する機会を与えるために、代表取締役が取締役会の決議に基づき招集する。

　会社は、招集通知を原則2週間前（全株式に譲渡制限がついている会社では1週間前）までに株主に発送しなければならない（後掲**コラム7**参照）。招集通知のなかの議題には、審議内容が何かを伝える程度の簡単な記載しかないが、定款変更や事業譲渡などの一定の重要事項については詳しい資料の添付が必要となる。もしこの添付された参考書類が不十分な場合、株主にきちんとした説明を行っていなかったとして、もし総会で決議されて審議内容が通ったとしても、株主総会決議の取消の訴えや、株主総会不存在確認・無効確認の訴えの対象となる。

少数株主（全体の数％以上保有する株主）も裁判所の許可を経て自ら株主総会を招集することができる。実は、この権限は非常に大きい。株主側が裁判所の許可を得て、株主総会の招集を行えるということは、株主総会の日時、場所を株主側が自由に決められることとなる。議長も株主側が出すことになれば、委任状勧誘合戦において、形勢はかなり株主側に有利となる。

（2）株主提案権

　議案は会社側からだけではなく、株主側からも提出可能である。総会の6ヶ月前の時点で全体の100分の1以上または300単位以上の議決権（後掲（3）参照）を有する株を保有する株主は、総会の8週間前までに議案を提出すれば、自らの提案を招集通知に記載することを請求できる。会社の支配権（**コラム5**参照）に争いがあるとき、現役員の選任、解任の提案が出される。この提案が出されると、会社総務部は防衛策の対応のため、睡眠時間がなくなるだろう（詳細は**コラム7**参照）。

　本章1の設例では、X専務らは、同業B社の支援を受けながら、A社の改革を進めようとして、現経営陣のうち、Y社長をはじめとする、取締役5名の解任の株主提案と新たにX_1〜X_4の選任を求めて、株主提案を行った。

　株主提案は、通常、総会の8週間前までに内容証明郵便で会社に出される。受け取った会社は、株主総会の招集通知のなかに、株主提案の議案として会社として賛成か反対かの意思を明記して、総会の2週間前までに、参考書類とともに株主総会招集通知とあわせ各株主に送付する。

(3) 議決権行使

　議決権とは、株主総会の議決権行使に参加できる株主の権利をいう。株主（株式）平等の原則という規則があって、株主の承諾がない限り、1株1議決権となる。

　株主総会は、本人出席が原則である。しかし株主自身が総会に出席できない場合には、株主は代理人により、株主総会に出席し議決権行使をすることができる。しかし実際は、定款で、代理人となりうるものを株主に制限している会社が多い。そうしないと、誰でも代理人として株主総会に参加できてしまい、株式を譲渡制限にした意味がないからである。

　本章の設例では、すでに提案がなされ、戦闘モードに入っている。今後委任状争奪戦（プロキシーファイト）に突入することとなる（**コラム**7参照）。株主総会では、議案ごとに承認に必要な議決権数が異なるが、取締役の解任および選任は、過半数を得たほうが勝ちである。議決権を行使するには、株式を取得することのほかに、他の株主の委任状を得てもよい。提案株主側は、議決権行使をする基準日（その日の株主名簿に記載されている株主に議決権を与える）が決まっているため、自らに委任する委任状を含めて過半数以上の議決権を獲得することが、すなわち勝利することである。

　なお、1,000名以上株主がいる会社では、招集通知に書面投票用紙（議決権行使書）を添付し、それを用いて投票する書面投票が認められている（**図4**参照）。

図4 議決権行使書

議決権行使書

　私は、株主＿＿＿＿＿＿＿＿＿＿を代理人と定め、次の権限を委任します。

1．平成〇〇年〇〇月〇〇日（〇曜日）開催の株式会社〇〇〇〇　第〇回定時株主総会およびその継続会または延会に出席して、下記の議案につき私の指示（賛否いずれか〇で表示）に従って議決権を行使すること。
　なお、賛否いずれも明記しない場合および原案に対して修正案が提出された場合は、いずれも白紙委任します。

2．賛否

記

　　　　　　第1号議案　　原案に対し　　賛　　否
　　　　　　第2号議案　　原案に対し　　賛　　否
　　　　　　第3号議案　　原案に対し　　賛　　否

　　　　　　ご住所

　　　　　　ご氏名　　　　　　　　　　　　　　　　㊞

以　上

行使できる議決権の数	個

◎お願い
①株主総会にご出席の際は、この議決権行使書用紙を会場受付へご提出ください。
②株主総会にご出席願えない場合は、お手数ながらご住所、ご氏名をご記入、ご押印のうえ、ご返送くださるようお願い申しあげます。

コラム7● 実際の委任状争奪戦（委任状勧誘合戦）

　委任状勧誘というのは、会社側と提案株主側が、株主総会で役員の選任等に関して争う場合に、他の株主のところに行って「自分宛の委任状を書いてくれ」と頼んで回ることである。敵対的買収は、株式自体を購入して会社の支配権を得ることであるが、基準日以降でも、会社から配布された議決権行使書または委任状により、株主に代わり議決権を行使することができるので、委任状勧誘合戦（プロキシーファイト）は基準日以降も繰り広げられる。これまで日本では、委任状勧誘は、ほとんど行われてこなかったが、今後は、買収防衛策を導入している会社に対する買収を成功させるために、株主側からの委任状勧誘が多くなる可能性がある。委任状勧誘を規制しているのが、金融商品取引法（第11章参照）と委任状勧誘内閣府令（上場株式の議決権の代理行使の勧誘に関する内閣府令）である。

　委任状勧誘をする際、議題や議案について何の説明もないまま、勧誘をすると、株主総会の決議の適正性が確保できない。そのため金融商品取引法・委任状勧誘内閣府令によると、株主総会招集通知に議題などを記載して、委任状・参考書類を株主に交付しなければならない。逆に勧誘する株主は、集めた委任状を財務局長に提出しなければならない。

　委任状勧誘をめぐる近年の裁判例に、モリテックス事件（東京地判平成19年12月6日判タ1258号69頁）がある。この判決は、株主提案に賛成する委任状を会社提案にかかる議案の出席議決権数に含めるか否かについて判断した点、および議決権を行使した者に対してクオカードを贈呈することが会社法120条に規定する利益供与に当たると判断した点が重要である。

　株主数約1万の株式会社モリテックスにおいて、定時株主総会において改選される取締役8名、監査役3名の選任議題について、あ

る株主グループが別の候補者を立てる株主提案を行った。モリテックスは書面投票制度利用会社なので、会社提案と株主提案を記載した議決権行使書を株主に送付した。問題は、モリテックスが、会社側の提案に賛成するよう勧誘するため（これ自体は違法ではない）および投票率を上げるために、株主総会に出席して議決権を行使した株主全員に500円のクオカードを配布するという勧誘を行い、これが会社法に規定する利益供与に該当するか否かである。

会社は、提案株主に委任状を提出した株主を、会社提案についての出席議決権数に含めなかった。この結果、会社提案の候補者はすべて出席議決権数の過半数を得て当選し、株主提案による候補者は全員選任されなかった。しかし、提案株主に委任状を提出した株主の議決権数を含めると、会社提案の候補者のうち2名は過半数の賛成を得ていなかった。そこで提案株主側が、決議方法に法令違反があるとして、株主総会決議取消訴訟を提起したのである。

判決は、株主提案に賛成の委任状を提出した株主の議決権を会社提案について出席議決権数に含めなかったことは、決議方法の法令違反に当たるとして、2名の選任決議を取り消した。さらにクオカードを配布したことについても、会社法の禁止する利益供与に該当すると判断した。なお実務界では、クオカードを配布して株主総会への出席を勧誘することと、総会屋などに対する利益供与を同列に扱うことへの批判が強い。

なおここで問題となるのは、勧誘期間のアンバランスである。つまり、一般株主が株主提案を知るのは、株主総会の招集通知が届いてからなので、実質提案株主側が株主を勧誘できるのは2週間しかない。他方会社側は8週間前までに株主提案を受けるので、株主提案を遅くとも8週間前には知ることができる。そこで提案株主側は、会社提案の内容を知ってから委任状勧誘を行うのでは十分な数の委任状を受け取れないおそれがあるため、会社提案が明らかになる前に委任状勧誘を開始する必要がある（本章43頁の事例では、一般株主

> には株主提案による候補者名が招集通知が届くまでわからないため、あらかじめホームページを立ち上げた)。

4 議事および決議方法

(1) 議長の選任

総会の最初に議長が選ばれる(通常は社長が議長となる)。議長には、議事進行に関し、必要な命令権が認められ、出席者の退場を命じることもできる。株主提案が出ているような総会では、会社側と提案株主側のどちらが議長になるかで結果に決定的な影響が出る。

(2) 決議方法

1株1議決権の原則に基づき、株主数ではなく株式数の多数決により決定される。これを資本多数決という。決議には、いくつかの種類がある。

①普通決議

発行済株式総数の過半数の株主の出席、さらにそのうちの過半数の賛成で決議されることを、普通決議という。しかし、会社の定款でこの要件を変更でき、通常は出席株主の過半数としている会社が多い。設例で問題となっている取締役・監査役の選任、計算書類の承認などの決議は、この要件で足りる。

②特別決議

発行済株式総数の過半数の株主が出席し、出席株主の議決権の3分の2で決議されることを、特別決議という。これも会社の定款により要件を軽減できる。しかし、定款変更、事業譲渡など重要な事

項もしくは、新株の有利発行など株主の利害関係に影響を与える議案は、特別決議が必要となる。つまり3分の1以上の議決権を握れば、重要事項について拒否権を有することとなる。

そのほか、役員の責任を免除する議案などには、これより要件が厳しい特殊決議もある。

5　利益供与と総会屋

株主総会の話をするときに触れなければならないのが、総会屋である。一般的には、総会屋とは、「株主総会に関連して活動し、企業から不正な利益を得ている者」を指す。企業の側においては、これらを「特殊株主」とも呼ぶ。ちなみに、過去の裁判例のなかで総会屋の意義について触れている。「総会屋とは、株主として株主総会に出席資格を有することを利用し、総会の議事進行に関し、会社が金を支払えば会社に協力し、会社が金を支払わなければ会社を攻撃するという行動に出ることにより、会社から株主配当金以外の金員を収得している者をいう」等がある。なお諸外国には総会屋はいないといわれる。株主権の行使に際し、総会屋に金品等を付与することは「利益供与」として禁止される。非常に強い脅迫を受けて、会社の金を総会屋に渡した取締役が、会社法で定められている善管注意義務（取締役としての義務）に違反したかどうかが争われた事件が、「蛇の目ミシン事件」である。

この事件は、2回最高裁の判決が出されているが、いわゆる仕手筋（プロ株主）として知られるAが、大量に取得したB社の株式を暴力団の関連会社に売却するなどとB社の取締役であるYらを脅迫した事例において、売却を取りやめてもらうためAの要求に応じ

て約300億円という巨額の金員を融資金の名目で交付することを提案しこれに同意したYらの行為が忠実義務、善管注意義務違反に当たるかが問われた。Yらは、Aの言動に対して警察に届け出るなどの適切な対応をすることが期待できないような状況にあったとはいえないと判示された（最判平成18年4月10日民集60巻4号1273頁）。

　それでは設例は、その後どうなっただろうか。X専務側とY社長側は、ともに激しい委任状勧誘合戦を繰り広げ、株主に積極的に働きかけた。わが国には、委任状の勧誘や株主総会対策を専門に受け持つ会社があり、専門的な知識を生かし、活動している。X専務側はその助言を受け、「A会社をよくする会」を立ち上げ、総会の2週間前にならなければわからなかった取締役候補者名を、ホームページを使って公表し、わが国ではまだ珍しかったウェブ上での勧誘が繰り広げられた。A会社では、国内機関投資家25％、外国人投資家20％、個人投資家が30％いるのでウェブ上の勧誘は有効な手段であるといえる。

　A会社は、議決権行使書を用いる書面投票が認められており、そのような会社の国内の機関投資家は、通常、現経営陣（Y社長）側に投票することが多いが、設例では、コンプライアンス問題に批判が集まり、多くの票がX専務側に集まった。

　前日までの集計で、X専務側の株主が過半数を超えたことが判明したので、Y社長は、株主総会で辞任を表明した。その後X専務側が推す役員が選任され、直ちに新たな代表取締役社長が選定された。コンプライアンスを求める株主提案により、大会社の社長交代が実現したのである。

第4章

会社② 株式・社債
会社の資金調達について、上場企業および中小企業の事例を学ぶ

【ねらい】株式会社は有限責任原則に基づいています。株主は、出資した金額以上の責任は負いません。逆に債権者は、会社財産しか債権の担保となりません。そのような会社の資金調達について、第2章で学習した貸借対照表をみながら、株式と社債の仕組みを学習します。そのうえで、会社が成長していく過程を学習し、会社が新規に上場すること（IPOといいます）を通じて、小規模の閉鎖会社と上場企業の違いを学習します。また一時期ヒルズ族などと、IT関係の若い経営者が羽振りのよい生活などで注目を集めましたが、コラムでは会社の創業者が得る利益（上場益または創業者利得）についてみていきます。

1 設立直後の会社

Xは、兄が社長を務める会社から独立して、書店を経営するために、新たに貯めた資金1,000万円でA会社を設立した。その際書籍の販売だけでなく、レンタルDVD、文房具販売など大人も楽しめるというコンセプトの大手チェーンTatsuya書店の子会社として書店を開店しようとした。そのとき、A会社は株式を200株発行し、それをすべてXが引き受けた。つまりA会社はX 1名のみが株主の会社である。これを一人会社という。この場合、Xが決めれば、事実上すべて決まるので、特に取締役会は設置しなかった。A会社にはどのような資金調達手法があるだろうか。

Tatsuya書店を経営するA会社は、小売業なので、文房具や商品を仕入れるために資金が必要となる。小売業は、安く仕入れた商品を高く売ることで現金を得て（これをキャッシュフローという）、これ

を繰り返して利益を上げる。書籍は委託販売だが、3ヶ月後に取次会社との間で販売した書籍の決済を行う。A会社はこのことを繰り返して、利益を上げていく。

上げた利益は、剰余金として配当に回すこともできるが、社内に留保して、手持資金として、今後の事業資金として使うこともできる。内部資金だけで足りない場合には、外部から新たに資金を調達することもできる。外部資金には、銀行借入れのほか、株式（募集株式発行）や社債などを発行する方法がある。

外部から調達した資金のうち、株式により取得した資金は、会社が続く限り返済する必要がなく、社内で留保された利益（剰余金）とともに、自己資本となる。しかし借入金や社債は、期限が来れば返済しなければならないため、他人資本と呼ばれる。企業の資金繰りに関し、資金総額において自己資本比率が高ければ、財務体質が健全とされる。

借入金は、返済期間が1年以内かどうかで長期借入金と短期借入金に分かれる。これらは貸借対照表（第1章30頁参照）でも、流動負債と固定負債に分けられる。建物や設備などの固定資産の資金には、できれば内部資金か固定負債を当てるほうが健全である。短期の負債を上回る流動性資産（現金や預金など）があれば、すぐに借金を返すことができて安心である。利益が出ていても、資金繰りに困れば、倒産することもある（黒字倒産という）。そこで最近は、上場企業には、キャッシュフロー計算書が義務付けられている。これにより、企業の資金繰りがわかる。Xが経営する（Tatsuya書店のフランチャイジー）A社はどうなるだろうか。以下具体的に検討したい。

2　企業金融とは何か

(1) 株式（返済しなくともよい資金）

①出資単位

　株主は、出資をして、その対価として株式を手に入れる。設例では、A 会社は X 1 人が株主なので、（会社法で許されている限りは）何でもできる。昔は 1 株 5 万円という額面が決まっており、それが 200 株で資本金 1,000 万円となっていた。しかし、実質の株式の価値は会社の業績次第であり、倒産すれば株はただの紙くずになる。いつまでも出資時の額面を引きずっていても意味がないため、額面は廃止され、出資単位という呼び方になった。

　出資単位の大きさは、会社が自由に決められる。株価が高すぎれば、取締役会の決議で株式を分割して、出資単位を小さくすることができる（旧ライブドア社は短期間に 100 万分割を行った。結果として売る株式がなく、買い注文のみ入ってくるので、一時的に株式が品不足となり株価が上昇した）。逆に株式を併合して、株式数を減らすには、株主総会の特別決議が必要となる（結果として株式を持てない人が出るからである）。

　売買単位を変更するのに株式を分割したり、併合したりしない方法もある。昔 1 株 50 円株式を発行していた会社は、1,000 株で 1 単位としていたが、500 円額面の会社もあって、一律 100〜1,000 株を売買単位とすると株価が異なるため、一律に単位を決めることは無理である。そこで会社法は、株式の一定数（たとえば、100 株）を一単元として、1 議決権を与えることを可能とした。これを単元株式という。一単元の大きさは、会社の定款で決めることができる。単元に満たない株式は権利行使できないため、売るのが大変であり、

会社に買い取ってもらうか、一単元とするために端数を会社から売ってもらうしかない。

②株式の種類

株式にはいくつかの種類がある。集めようとする資金の性質や投資家側の希望など、会社ごとに事情が違う。そこで、このようなニーズに合わせてさまざまな株式を発行することができる。

一番大きな違いは、他の株主に譲渡する際に会社の許可を必要とする譲渡制限を株式に付けるかどうかということである。会社法では、1株でも株式に譲渡制限が付いていると、閉鎖会社として、さまざまな規制が緩和されている。逆にすべての株式に譲渡制限が付いていない会社を公開会社という。公開会社では、誰が株主になるかわからない。実際には中小会社でも、設立された年代により、譲渡制限が付いていない株式を発行している場合が多い。ある日突然見知らぬ人から、株主名簿の書替請求が来たり、役員解任の株主提案が来たりするかもしれない。

③配当の違い

株式には、配当の違いもある。ある種類の株式に最初に配当をし（たとえば、5％）、残りの剰余金があるときに他の株式にも配当をするといったこともできる。前者を優先株、それ以外の株式を普通株（一部例外もあるが）という。さらに、普通株に配当した残りからしか配当ができない株を、劣後株という。

④議決権の違い

株主総会の決議事項のうち、一定事項についてのみ議決権が認められる株式とか、まったく議決権のない株式も、全体の2分の1以下であれば発行できる。この手法を使うと現在の大株主が支配権（役

員の事実上の選任権)を維持しながら、自己資本を増やすこともできる。なお公開会社でない会社では、2分の1を超えてもよいし、株式の種類ごとに何人役員を選任できるか定款で決めてもよい。

　平成24年に東京電力(東電)が実質国有化されたが、原子力損害賠償支援機構は、東電への出資時に「議決権付種類株式」により議決権の2分の1超を取得し、その後議決権を取得できる種類株式も引き受けることで、潜在的には3分の2以上の議決権を取得した。一方、単なる資本注入の場合には、議決権にこだわる必要はなく、普通株に転換できる議決権のない優先株で出資すれば、潜在的な大株主にはなるが、転換しなければ議決権は発生しない。バブル崩壊後の大手銀行への資本注入では、このような手法が多用された。

⑤黄金株など

　株主が請求すれば株式を会社が買い取る、という条件を付けた株式もある。これを取得請求権付株式という。逆に一定の事由が生じたときに会社が強制的に買い取る権利が付いた株式を、取得条項付株式という。さらに、その種類の株主が同意しない限り会社は何事も決定できないという強力な議決権をもつ株式を、拒否権付株式または黄金株という。買収防衛策などで使われるが、あまりに強力で、投資家には嫌われる傾向がある。現在でも、国が黄金株を有する国際石油資源開発帝石という会社がある。

(2) 新株予約権 (決められた値段で株式を買う権利)

　新株予約権とは、決められた期間内であれば、いつでも決められた値段(行使価格)で、会社から株式を買うことができる権利(オプション)をいう。これをもつもの(新株予約権者という)は、市場で株

価がいくら高くなっても、最初に定められた価格で買うことができる。たとえば、市場の株価が1,000円の場合でも、新株予約権の行使価格が800円であれば、1株について200円安く買うことができる。しかし市場の株価が650円であれば、市場から買ったほうが安く買えるので、新株予約権は価値がない。

　新株予約権は、業績向上に寄与してもらうために、従業員や役員に対して、インセンティブ報酬（ストックオプションという）として発行することもある。無償で一定の数の予約権を、役職に応じて、与えることが多い。かつて米国のIT企業が上場（株式を証券市場に公開すること）すると、従業員にも億万長者になれる者が現われた。それは、このストックオプションを行使したことによる。

　また社債のオマケとして、利率を低くした分、新株予約権を付けることもある（新株予約権付社債。(3)②で後述する）。株価が上昇すると思っている人は、社債の利率が低くても、新株予約権がほしくて社債を買うこともある。

　新株予約権は譲渡できるが、譲渡制限を付けて（譲渡に会社の承諾を必要とすること）発行されることもある。

(3) 社債（大衆からの借金）

①社債とは何か

　社債とは、1口10万円、100万円といった単位に細分された長期借入金である。株式会社は資金調達手法として使うことができる。借金であるから、期限が来れば会社は償還（返済）しなければならない。もし償還できないと債務不履行（デフォルト）となるので、会社は業績が悪くとも返済しなければならない。社債は無記名式の債券

として市場に流通させることもあるが、債券を発行しないで帳簿（社債原簿）上の振替（名義変更）だけで発行される場合も多い。

社債は、株式ほどではないが、金利の上下に合わせて、価格が変動する。株主と違い、社債の保有者（社債権者）は、経営に関与する権利（議決権）はない。しかし、社債権者は、剰余金はなくとも優先して配当を受ける権利を有する。また会社を解散したときも、株主より優先して返済を受けることができる。

②新株予約権付社債

社債に新株予約権を付けたものが、新株予約権付社債である。たとえば、現在 X 社の株価は 500 円とする。新株予約権の行使価格を 550 円として、新株予約権付社債を発行する。社債部分は、オマケで新株予約権が付いているので、金利は極めて低い（0.1％）。

この時点で新株予約権付社債を買った投資家は、新株予約権を行使しない。市場で買ったほうが安いからである。しかし市場の株価が 700 円に値上がりすれば、投資家は新株予約権を行使して、会社に 550 円を払い込んで株式を発行してもらい、市場で売却すれば差額が利益となる。社債は、新株予約権とは別なので（分離型）、権利行使をしても、社債は満期までもてる。一方新株予約権を行使するときに、現金の払込をせず、社債を振り替えて株式の払込に当てる新株予約権付社債もある（昔これを転換社債と呼んでいた）。

③社債と株式の違い

ここで、社債と株式の違いをまとめておきたい。社債は会社からすると債務である。社債の保有者は、社債をもっていても会社の株主総会に参加できず（議決権がなく）、役員の選任権もないが、資金は必ず返済してもらえる（他人資本、負債という）。つまり社債保有者

は債権者である。対して、株主は会社の所有者として、株主総会で議決権を行使できるが、会社は株主への資金の返還義務はない（自己資本、資本という）。しかし、新株予約権付社債や無議決権株式もあるので、両者の区別はあいまいである。

（4）銀行・ノンバンク借入

　会社が小さいうちは、株式や社債での資金調達は、かなり難しい。そこで、通常会社が頼るのは、銀行である。銀行と会社は、融資契約（金銭消費貸借契約）を締結し、1年以上の長期資金や短期の運転資金を借りることになる。誰も借金をしたくはないが、事業を行っていると、なかなかそうはいかない。

　設例のA会社は、Tatsuya書店を経営するフランチャイジーである（加盟店としてTatsuya書店を経営するノウハウを提供してもらう。フランチャイズ契約については、第2章**コラム 3**を参照）。A会社のTatsuya書店は、DVDレンタルや文房具販売のほか、メインが本屋なので、販売した分の売上は会社の売上となる。しかしそこから、本の代金を取次会社に支払わなければならない。また文房具や他の商品は、買取なので、顧客に売れなくとも問屋に対し支払をしなければならない。そのため、たとえ収支上黒字であっても、資金の入金と支払にずれが生じる。これをサイト差という。そこで、会社には短期借入金として、運転資金が必要となる。

　またA会社がTatsuya書店を開店するためには、売上のなかから一定額を返済する方式で、銀行からまとまった設備資金を借りることとなる。これが長期借入金となる。このような資金使途に対応するため、企業は銀行から資金を借り入れるのである。Xは、建設会

社と交渉の末、建物を建てて、新しく書店を開業することができた。そのため、投資の回収期間（長期借入金の返済期間は5年という短い期間となる）が短くて済み、ビジネスには大きなメリットとなる（第2章**図1**貸借対照表例参照）。

　なお社債のなかにも、一般に売り出すのではなく、少数の銀行にのみ発行するものがある。これを私募債という。私募債は、会社が成長して、中規模（たとえば、資本金1億円、売上5億円以上）にならないと、発行してもらえない。いってみれば、銀行融資の1種類ともいえる。私募債には、低利で安定して3～5年借りられるというメリットがある。

　A会社もメインバンクから、金利1.5％の固定で5年間で返済する条件で3億円の資金を私募債によって調達することができた。その結果、3店舗の大型Tatsuya書店を開業することができ、売上も30億円を突破した。

3　株式の発行方法

（1）株主割当

　現在A会社は、発行済株式が200株から1,000株に増えたとしよう。そうなると資本金は、単純に考えると、5,000万円となる。その株式保有比率は、社長のXが60％、妻のX_1が10％、新しく役員にした取締役を含む従業員10名が20％、その他取引先4社が10％である。

　Xは、会社も大きくなってきたので、さらに資本金を増やして、自己資本を増強しようと、発行済株式数を倍にし、現株主を優先し、それぞれの持ち株数に比例して、株式を割り当てた。このような手

法が、株主割当である。この場合、純資産額から計算した時価が20万円でも、5万円で割り当ててよい。20株を保有する従業員Bは、さらに20株を割り当てられ、100万円を払い込むこととなる。これを0円と設定すると、単純に株式数が増加するだけなので、株式分割となる。100万円を振り込まなければ、失権し、持株比率は半分になってしまう。したがって、株主は半ば強制的に払い込まなければならなくなる。

仮に、A会社は、1株5万円で買う（行使価格5万円の）新株予約権を無償で株主に割り当てれば、同じ結果となる。しかし、この新株予約権は、1株当たり15万円安く買えるため、15万円の価値があることになる。そこでBは、この権利を300万円で売ることもでき、それで株式の比率低下を補うことができる。このほうが株主にとって有利である。

（2）時価発行公募

A会社は、誰に株式を割り当てても自由だが、公平な価格、つまり時価で発行する必要がある。時価とは、簡単なようで難しい言葉だが、上場企業とは異なり、非公開会社では株価の算定が難しい。

ここでは純資産額で計算すると、1株20万円で1,000株発行すると、会社には2億円の入金があり、資本金は2億5,000万円となる。ここでは上記の計算のとおり1株当たりの純資産額で一般の株主を募集する方法が時価発行による公募である。

（3）第三者割当増資

（2）で会社は誰に新株を割り当てるかは自由だと述べたが、たと

えば、A社はTatsuya書店を運営するフランチャイザーであるC会社に、今後も提携を深めていくという目的で、5万円で500株の割当を行った。この場合、時価より極端に安い値段で第三者に割当をすると、既存の株式の価値が下がってしまうので（1株当たりの純資産20万円が16万円余となる）、この場合株主総会で事情を説明して、特別決議（3分の2以上の賛成）を得る必要がある。極端に低い価格で割り当てることを有利発行といい、有利発行には特別決議が必要なのである。特に会社支配権を争っているときには（敵対的買収。第6章参照）、支配権維持のための第三者割当（不公正発行）と並んで、株式の発行が差し止められる可能性がある。

（4）増資の手続

公開会社の新株発行は、取締役会が決定する。非公開会社の場合、株主総会の特別決議が必要であるが、取締役会に委任することもできる。

もし増資の結果、発行可能株式総数を超える場合には、定款変更をして、発行可能株式総数を増やさなければならない。通常株式に譲渡制限が付けられていない会社では、株式の発行はその時点で発行されている株式数の4倍以内となるが、譲渡制限が付いている会社では、その規制はない。ただし、支配権移転の可能性がある上場会社の第三者割当は、現在、上場規則等で制限されているので、注意が必要である。

増資の結果、A会社では、株主割当で1,000株、第三者割当で500株を発行し、結果的に発行済株式数2,500株、資本金は1億2,500万円となった。後日談だが、この時点で株式を購入しておけば、株

式公開により、創業者利得（後掲**コラム 9** 参照）を得ることができる。

4　株式の新規公開 IPO とは何か

IPO は、Initial Public Offering の略である。日本語では、「新規公開」という意味になる。それまで日本国内で非上場・非公開だった株式を、新規に上場することを指す。近年、東京証券取引所や大阪証券取引所などへ年間に 120〜150 社が新規上場をしている。

コラム 8 ● Facebook の上場

　わが国でも利用者の多い交流サイトの最大手フェイスブックは、ハイテク株中心の米ナスダック（NASDAQ）市場に 2012 年 5 月上場した。マーク・ザッカーバーグ（Mark Zuckerberg）最高経営責任者（CEO）は 27 歳にして億万長者になった。

　ロイターによると、フェイスブックの時価総額は最大 1,040 億ドル（約 8 兆 3,600 億円）に達したとされ、米インターネット企業の株式公開（IPO）時の時価総額としては、2004 年のグーグル（Google）の 230 億ドル（約 1 兆 8,500 億円）を抜き、過去最高になったという（平成 24 年 5 月 20 日閲覧。http://jp.reuters.com）。このように、株の IPO により、巨額の資産を一夜にして得ることができるが、しかし上場するということは、市場に株式を売ることであり、株主からのさまざまな要求にさらされることでもある。企業情報開示の負担は重くなるし、投資家からのプレッシャーも重くなり、会社経営は格段に難しくなる。

非公開株式でも売買は可能である。しかし、非公開の株式を買おうとすれば、自分で株式を持っているヒトを探し出して、売買価格の交渉を相対(あいたい)で行ったうえで、双方合意に漕ぎつけなければならない。これに対して、上場された株式であれば、自分で相手方をみつける必要がなく、誰でもが市場が付けた価格で比較的短時間に売買することが可能になる。第5章**コラム12**で取り上げる西武鉄道事件では、個人株主が残ったまま上場廃止されたので、多くの株主は売ることのできない株式を長い間保有するという事態を招いてしまった。

図1　株式公開に向けてのスケジュール

スケジュール	会社	証券代行機関 （○○信託銀行）
直前々期	株式公開の方針決定 証券代行機関の選定 株式名簿の整備 定款等諸規程の整備	・株主名簿等関係書類整備のアドバイス ・定款変更案の作成 ・株式取扱規程（規則）の提案
直前期	資本政策の遂行 増資による資金調達 ストックオプション導入 新株予約権発行、行使	・増資に必要な手続、スケジュール作成 ・株式申込書等の提示 ・ストックオプション導入とスケジュール作成 ・株主総会招集通知、取締役会議事録等法定書類の提案
申請期 【上場申請〜上場】	株式上場申請 定款変更 株式分割 公募・売出	・株式上場に向けて必要な定款変更案の作成（譲渡制限廃止ほか） ・株式分割に必要な手続、スケジュール作成 ・公募・売出への株式事務対応 ・株主総会リハーサルの実施

三井住友信託銀行ホームページより作成

　株式公開（IPO）するメリットは、主に以下の点である。
①新株を公募することで、株式市場からの資金調達が可能になる。
②会社の信用度が増し、金融機関からの資金調達がスムーズにな

る。

③信用度が増すと、人材の採用にも強みとなる。新規出店・取引などにも有利とされる。

　一方で、不特定多数のヒトから資金を調達するわけであるから、投資家保護の観点から、株式を公開した企業には、透明性の高い企業情報の開示が求められる。具体的にどこまで開示する必要があるかは、金融商品取引法（法定開示）や証券取引所規則の開示規則（適時開示）によって定められている。こうした規則で定められた開示水準は、あくまでも「最低限開示しなければいけない義務」を示したものである。公開すると、情報開示など会社の義務は格段に重くなる。

　A社は、創業10年で無事上場を果たした。Xらは、株式を売り、多額の報酬を手に入れることとなる。しかし、会社経営が難しくなるのはこれからである。

コラム9● 創業者利得

　創業者利得とは、事業をおこした人物が事業の成功に伴い得られる経済的利得の総称をいう。たとえば、創業者の出資した少ない資本で設立した会社がその後成長し、株式上場することによって得られる利益は、創業者利得の典型とされる。

　具体的には、会社の自己資本を投資家に売却する過程を通じて、創業者株主に生ずる資本利得（キャピタル・ゲイン）を創業者利得という。たとえば、会社の発起人すなわち創業者が1,000万円（出資価格5万円、発行済株式総数200株）の出資で会社を設立し、事業に成功

し、80％の資本金利益率を得たとする。1株当たり利益は、4万円となる。資本還元率を10％とすれば、資本還元率で1株当たり利益を資本還元した価額40万円が株式の資本価値をなしており、それは株式の時価にほぼ等しい。創業者がその持ち株を全部売却すれば、出資価格5万円と時価40万円の差額×200株＝7,000万円の創業者利得を生ずる。

いいかえると、株式会社が設立、後に上場されたときの創業者や創業者から株を引き受けた者、原始株主が株式を売り出して得られる利益をいう。引受け価格は簿価（出資価格5万円）なのに対し、売出し価格は将来生み出す利益で割り引かれた価格なので大きな利益が出る。税負担も低く（各種控除が大きい）、有名企業家が巨額の資産を保有するのはこの創業者利得によるレバリッジ効果（てこの効果）が大きいといわれる。

もし資本金が10億円とすると、70億円が創業者利得となる。創業者利得のもとは、企業の収益力であり、それを資本化したものが創業者利得となる。したがって、会社の創業者が会社を発展させて、その収益性を投資家が評価した場合、株価は非常に高いものとなり、創業者は莫大な創業者利得を取得することとなる。A会社の株主は、株式公開で70億円の創業者利得を手に入れる。

第5章
会社③　決算・情報開示
決算手続・財務諸表を確認し虚偽情報開示の責任について学ぶ

【ねらい】会社の目的は利益を出すことですが、そのためには、前章でみてきたような会計処理、そして本章で扱う決算が必要です。会社の不祥事のなかでも、後を絶たないのが、粉飾決算や虚偽の情報開示です。特に上場企業による虚偽の情報開示は社会的影響が大きく犯罪となります。本章では、金融商品取引法をみながら、虚偽の情報開示の原因を探り、上場廃止などの会社の処分について学習したいと思います。さらに粉飾決算をした場合の役員の責任を具体的に検討し、いかにこのような犯罪が割に合わないかを理解していきます。

1　上場会社は情報公開が大事

　A鉄道会社は、傘下にホテルグループをもつ大企業である。オーナーのXは、個人としてだけでなく、保有する個人の管理会社を通じて、A鉄道会社の多くの株式を保有していた。A鉄道会社は、バブル期のリゾート開発の赤字が多額に上り、Xら取締役は、海外に、関連会社（子会社）を設立し、その会社との間で取引を行ったことにして、数千億円の損失を子会社に押し付け、親会社ではその赤字が表面化しないような方法で決算の工作をしていた。A鉄道会社およびXらには、どのような責任があるだろうか。

　株式会社は株主が出資し、利益を上げるために設立される。そもそもなぜ決算があるのだろうか。決算というのは、簡単にいうと、利益（剰余金という）の配当をするために、財産的な状態を明確にすることである。株式会社は、投資家にとって事業が失敗しても株式

が無価値になるだけで、それ以上のリスクはない。一方、会社債権者は、株主の個人財産を当てにできないので、会社財産をしっかり確保することが、非常に重要である。

A鉄道会社は、上場企業であり、誰でも株式を買うことができる。その場合、非上場会社と比べて経営陣の責任は、格段に重くなる。特に大きな負担（費用および責任）となるのは、情報開示である。金融商品取引法による法定開示のほか、上場規則（証券取引所の規則）による適時開示など、情報開示の規則は厳格に定められている。また関係者は、情報が開示されてからでなければ、株式の売買ができないなど、インサイダー（内部者）取引（第11章参照）には、注意が必要である。

本章では、会社の決算、情報開示、そして、違法な決算、虚偽の情報開示について、実例を交えて学習していこう。

コラム 10 ● オリンパス事件と上場の維持

読売新聞（平成24年2月17日社説）によると、オリンパス事件は、内視鏡やカメラのレンズで有名なオリンパス株式会社が、財テクにより、本業以外における証券、先物、株式、デリバティブ等の金融商品の評価による損失が発生していたにもかかわらず、10年以上も隠していたという事件である。本体での損失を海外の子会社との間で取引したようにみせかけ、バランスシートから隠すという「飛ばし」が平成9年頃から行われていたという。

ところが平成23（2011）年4月イギリス人の元社長が就任した後、会計処理に疑問をもち、調査委員会を立ち上げようとしたところ、

同年10月に前会長が隠蔽工作を計り、取締役会においてイギリス人元社長を代表取締役社長から解任決議した。イギリス人元社長は、その後海外メディアのインタビューに応じて、社内調査の情報を開示した。その後当時の日本人社長が同年11月に粉飾した虚偽有価証券報告書等であることを公表したため、オリンパスの株価が下落した。

東京証券取引所は、いったんオリンパスを監理銘柄に指定したが、平成24年1月に株価の動揺は収まったとして監理銘柄を解除し、上場廃止としないことを決定した。

後掲の西武鉄道事件（**コラム12**参照）では、同じく有価証券報告書の虚偽記載があり、西武鉄道株式会社は上場廃止に追い込まれ、多くの個人投資家が取り残された。上場会社が上場廃止となると、本文でも説明したとおり、個人投資家は投下資本の回収ができなくなる。株主のなかには西武鉄道沿線の顧客が多く含まれており、西武鉄道はそのような投資家の期待も裏切ったことになる。結局、虚偽の情報開示で損失を被るのは、投資家ということになる。西武鉄道の株主の救済は図られないままである。

オリンパス事件では西武鉄道事件の教訓からか、意図的に上場廃止を避けたと思われる。

2　会社の決算（計算）手続

（1）なぜ決算（計算）が必要か

株式会社は、通常、年に1度決算を行う。商人と異なり株式会社は株主が出資し、利益を上げるために設立される。会社が決算を行う理由は、会社の債権者と株主に対する情報提供と、剰余金配当の規制の2つである。

図1　株式会社の利益相反

　　　　　株主　　　　　←（会社）→　　　　　債権者
（多くの剰余金配当を望む）　内部留保　（債権の引当としての財産の確保）

　会社は、より多くの剰余金配当がほしい株主の希望と、逆にあまり会社から財産を社外に出さず、債権の担保としての内部留保（利益などを会社に保管しておくこと）を望む債権者の希望とを調整するために、経営成績と財政状態を強制的に記録して、情報開示しなければならない。これが決算手続である。つまり、決算とは、剰余金配当を適切にするために行われる。逆に違法配当は、会社法違反となる。

　また上場企業には、会社法のほかに、金融商品取引法の適用がある。証券市場では誰でも株式を買うことができるので、投資家保護の目的で、会社法とは別に、金融商品取引法の企業会計が適用される。これだけでも大変なのに、決算にはさらに、法人税を納付する税務会計も関係する。このように上場会社の決算では3つの会計原則が関わっている。頭が混乱しないよう、しっかり理解しておこう。

（2）計算書類と計算手続

　読者のみなさんが、会社に就職して、経理部か金融機関の職員になると、会社の計算書類を目にする機会が多くなる。計算書類とは、具体的に貸借対照表、損益計算書、株主資本等変動計算書、そして個別注記表である。法学部出身者が、決算を行う経理部に配属されることもあるので、少なくとも上記の書類の名前ぐらいは覚えておいたほうがよいだろう。

図2 計算書類（＋事業報告と付属明細書）

```
計算書類─┬─貸借対照表
         ├─損益計算書
         ├─株主資本等変動計算書
         └─個別注記表
            （事業報告書）
            （附属明細書）
```

　次に、それぞれの書類の簡単な説明をしておこう。計算書類とは、1会計年度（1年間）の経営成績を計算して確定し、企業の財政状況を明確にする手続に関する書類をいう。また貸借対照表とは、決算期において会社が有する資産・負債および資本をルールに従って表した財産状態を示す表である（第2章図1）。損益計算書とは、1会計年度における収益と費用を記載し、その年度の営業成績を記載したものをいう（第2章図2-1、2-2）。株主資本等変動計算書とは、前期の貸借対照表の「純資産の部」が、当期の「純資産の部」に表示される金額へと変わるための計算書である。

　さらに、決算手続を説明しよう。会社は、定款で定めてある決算期ごとに、代表取締役が計算書類等を作成し、取締役会の承認を受け、監査役（大会社では監査役会、会計検査人）の監査を受け、株主総会に提出し、チェックを受ける。

　株主総会においては、監査を受けた計算書類に関し、承認し、または報告を受ける。またその株主総会で、事業報告を受ける。もし会社で決算が承認されなければ、株主への配当や納税ができないなど大きな影響が出る。

3 違法配当とは何か？ 〜剰余金の配当

（1）剰余金の配当

前に述べたように、決算の承認と剰余金配当は、株主総会決議により行う（原則）。ただし、会計監査人設置会社かつ監査役会設置会社で取締役の任期が1年の場合には、株主総会ではなく取締役決議で配当することが可能となる。

（2）分配可能額の算出

それでは、株主に配当する場合には、何を一番先に考慮する必要があるだろうか。剰余金配当は、まず分配可能額を算出する。会社法になって、決算の時以外にも剰余金配当ができるようになったが、まず分配可能額がないと配当はできない。分配可能額とは、原則資本剰余金と利益剰余金の合算額となるが、

　　剰余金＋臨時決算における利益－（自己株式＋自己株式処分＋
　　臨時決算の損失＋その他調整額）＝分配可能額

となる。

何やら難しそうだが、専門家である上場企業ですらこの計算を間違えた例がある。平成24（2012）年にチラシ印刷大手の平賀という会社が、前年に配当可能額を超えて支払っていたことを理由に、同年3月期を無配にすると発表した（平賀事件）。従来の配当予想は1株＝30円としていた。同社の取締役の1人が、過去にセミナーで分配可能額について講習を受けた経験があったことから、果たして同社では配当が可能かどうか検証作業を行い、計算違いをしていることがわかったという。同社は、あらためて社内調査委員会で調査を行い、平成23（2011）年3月期の分配可能額もマイナスとなってい

たことが判明した。同社では、剰余金の分配可能額を、過去には算定はしていたが、最近は行っていなかったという。また、関係部署間での責任の所在も明らかにされていなかったらしい。

　ここでは、分配可能額による粉飾事例（平賀事件）を紹介したが、その他にも粉飾決算の方法があるので、(3)と(4)で分けて説明する。

(3) 繰延資産

　本来は費用なのに、資産として計上し、その後数年にわたり費用として、償却が認められるものを繰延資産という。創業費、試験研究費などがそれに当たる。会計上、実際には一度に支払ったのに、少しずつ数年にわたり支払ったことにする。当初支払った金額のうちある程度は資産として計上する。本来はないのに、お金をあるように計上して、それを元に配当する。つまり、資産がないのに、剰余金配当をしてしまうこととなるため、粉飾に利用されやすい。

(4) 引当金

　逆に、将来に予定される巨額の支出を見越して毎年負債として、一定額を計上することを引当金という。退職給与引当金がそれに当たる。この制度を悪用し、実際には、利益があるのに、引当金を積むとして、架空の負債を増やす。会計上で負債が増えると、純資産が減る。純資産が減ると、配当できる利益があるのに配当できないと株主を偽ることができる。

　このように、飛ばし（前掲**コラム** 10 参照）だけでなく、さまざまな会計手法を使って、粉飾決算が行われてきた。設例でA鉄道会社も

飛ばしによる粉飾決算を行っている。また有価証券報告書に虚偽記載をしていれば、関係者は重い法的責任を負わなければならない。

(5) 適法な剰余金配当

それでは適法な（正しい）剰余金配当とは何だろうか。それは、分配可能額が存在し、株主総会の承認決議があることをいう。逆に違法配当とは、分配可能額がないにもかかわらず、あるようにみせかけて配当することをいう。前述の平賀事件は、あまりにもお粗末である。違法な配当は、原則無効だが、会社は違法配当を受けた株主に対し、返還請求することができるし、債権者も求償できる。しかし違法配当や粉飾決算により株主に損害を与えると、役員だけでなく、公認会計士が就任する会計監査人も責任を問われることとなる（後掲**コラム**11参照）。

4　会計監査人

(1) 職務と義務

大会社においては会計監査強化のため、会計監査人の監査も受けなければならない。会計監査人は公認会計士（または監査法人）から選任される。

会計監査人は、会社の計算書類およびその付属明細書、臨時計算書類等の監査をする。さらに計算書類の監査について、会計監査報告をしなければならない。

何も問題がないときに提出するのが、無限定適正意見である。これを提出後に粉飾決算が明らかになると、カネボウ事件のように、監査法人である会計事務所そのものがつぶれてしまったほど大きな

責任がある。

　会計監査人は、取締役の職務執行に関し、不正の行為または法律違反をみつけたときは、遅滞なく監査役（監査委員会）に報告しなければならない。もし上記について会計監査人と監査役の意見が違うときは、会計監査人は株主総会に出席して、意見を述べなければならない。会計監査人の報酬は会社が定めるが、その場合監査役の同意が必要である。

　実際には、会計監査人も会社から高額の報酬をもらっている以上、社長の意向は無視できない。

（2）会計監査と内部統制監査

　上場企業では、会社法のほか、金融商品取引法の適用があり、①発行開示（新たに有価証券を発行するときに提出する）として、有価証券届出書、目論見書、②継続開示（毎年提出する）として有価証券報告書、臨時報告書の他、4半期報告書の提出が義務づけられている。これらは、法定開示（法律上決められている情報開示）となる。また、財務情報の他、財政状況・経営成績の分析事業の状況など、非財務情報を含んでいる。

　有価証券報告書は、登記簿より読みやすく、重要な情報が含まれている。就職が内定した学生のみなさんには内定先の有価証券報告書をみておくことを勧める。就職は一生を会社に投資するということと同じだからである（なお、ネットで閲覧できる）。

　平成20（2008）年4月以降、上場企業は、有価証券報告書のほか、有価証券報告書の記載内容が適正である旨の確認書および内部統制報告書を提出しなければならないことになった。この報告書は経営

者（代表取締役）が作成し、監査法人等が監査を担当する。

5　会計参与
(1) 職務
　会計参与は、取締役と共同して、計算書類等を作る人のことである。会計参与は、税理士・公認会計士・監査法人等でなければならない。当初、税理士業界の強い希望により会計参与制度が導入されたが、あまり採用数は伸びていないらしい。

(2) 義務
　会計参与は、職務を行うについて、取締役の職務執行に関し、不正の行為または法令定款違反をみつけたときは、遅滞なく監査役（監査委員会・株主）に報告しなければならない。また、決算を承認する取締役会に出席し、意見を述べなければならない。もし上記について会計参与と取締役が意見を異にするときは、株主総会に出席して、意見陳述を行うことができる。

6　役員等の責任と責任制限
(1) 会社法上の責任
　会計参与は、会社法上の役員である。また会計監査人は、会社に対し委任契約による善管注意義務を負い、その任務を怠ったときは、会社に対し損害を賠償する責任を負う。
　第三者に対しては、会計参与は計算書類等の虚偽記載があった場合、また、会計監査人は会計監査人報告に記載すべき事項の虚偽記載があった場合、自ら無過失を立証しない限り責任を負う。

コラム 11 ● カネボウ事件

　カネボウは、もともと化粧品などを作って販売していた大手メーカーであった。時事通信社（平成24年8月27日閲覧。http://www.jiji.com/）によると、平成16（2004）年3月、産業再生機構に支援を要請したカネボウが、その後の内部調査で巨額の粉飾決算をしていたことが判明。その後カネボウは解散し、トリニティ・インベスメント株式会社に吸収され、法人格も消滅した。その事業は部門ごとに10社程度に引き継がれた。

　元社長らは、平成14（2002）年度と同15（2003）年度3月期の同社決算を操作し、それぞれ約800億円の債務超過があったにもかかわらず、「資産超過」とした虚偽記載の有価証券報告書を作成し、公認会計士も事情を知りながら、「適正」とする監査報告書を提出したという。

　カネボウは、それより以前の平成7（1995）年から9年連続の債務超過であったにもかかわらず、粉飾決算で虚偽の有価証券報告書を提出して、株主などの投資家を騙してきた。その後、カネボウ事件は刑事事件となり、平成17（2005）年元経営者ら3名が逮捕され、うち2名が起訴された。刑事責任はそれだけにとどまらず、同じく平成17年、検察は、中央青山監査法人に所属するカネボウの担当者だった公認会計士4名を、旧証券取引法違反で逮捕した。4名はいずれも監査業務のベテランであったが、有価証券報告書に添付される「監査報告書」に粉飾があったことを知りながら、適正である旨の監査報告書に署名したとして、逮捕されたものである。

　公認会計士や監査法人は、資本市場において上場する会社の開示情報が適正であることを保証して、投資家の保護に資することが使命である資本市場の番人（ゲートキーパーと呼ばれる）であるにもかかわらず、投資家保護に反し、粉飾決算に手を貸していたことにな

る。公認会計士は、現在弁護士と同様に就職難で、顧客に意見をすることが難しい状況にはあるが、もし粉飾決算に関与することになった場合、金融商品取引法による損害賠償が容易になったため、非常に重い民事責任を負うだけでなく、刑事責任まで負わなければならない。このように資本市場とは、多くの投資家が投資できる環境を整備するのがその役割であり、そのためには関係者に重い責任が課せられている。

（2）金融商品取引法による民事責任

　前述4（2）のように、上場企業には、金融商品取引法（金商法ともいう）が適用される。有価証券報告書に継続的な虚偽記載があった場合、金融商品取引法は、不実記載を行った役員等だけでなく、監査証明を行った監査法人に対しても、損害賠償責任を課している。

　また有価証券報告書の重要な事項に虚偽記載がある場合、株主（または元株主）は、当該有価証券報告書を提出した当時の役員等（取締役、会計参与、監査役もしくは執行役またはこれらに準ずる者）に対して、損害賠償請求をすることができる。

　その訴訟において主張する根拠は、主に金融商品取引法の規定に基づく損害賠償請求と不法行為に基づく損害賠償請求の2つである。金融商品取引法による訴訟のほうが、立証しなければならない事由が少ないため、株主にとっては勝訴できる確率が高い。

　金融商品取引法では、次の要件を充たす場合、有価証券報告書を提出した当時の役員等に損害賠償責任が成立する（金商法21条の2）。

　①有価証券報告書の重要事項に虚偽記載が存在し、または記載す

べき重要事項もしくは誤解を生じさせないために必要な重要な事実の記載が存在しないこと（虚偽記載等）
②虚偽記載等のある有価証券報告書が公衆縦覧されている間に流通市場で当該有価証券を取得したこと
③虚偽記載等によって損害が発生したこと
④当該有価証券取得者が取得の申込みの際虚偽記載等を知らなかったこと

　金融商品取引法に基づく場合、会社は無過失責任を負うのに対し、役員等については過失の立証責任が転換されているにとどまり、役員等が、虚偽記載等の事実を知らず、かつ、相当な注意を用いたにもかかわらず知ることができなかったことを証明した場合には免責される。被告役員等によるかかる立証は困難であるため、立証責任が転換されていることも原告株主にとっては大きなメリットとなる。

　公認会計士にとっては、非常に重い責任である。粉飾は、会計士にとっても、高くつく。

　最近では、上場企業の有価証券報告書に虚偽記載があったことを伝えるニュースがあると、弁護士がホームページで被害者を募集し、原告団を組織して訴訟を起こすことがある。その際「着手金は、○○円、成功報酬は○○％」とあらかじめホームページで公開して、被害者を集めるのである。米国でよくみた光景が日本でも、現実となっている。

コラム 12 ● 西武鉄道事件と上場廃止

　西武鉄道事件というのは、平成 16（2004）年当時東証一部に上場されていた西武鉄道株式会社が、特定株主（オーナー）の保有割合について、有価証券報告書に虚偽記載をしていたことが原因で、上場廃止になり、株価が下落したため、株主が当時の役員らに、民法 709 条に基づいて損害賠償請求をした事件である。なお当時は本文で説明した金融商品取引法に基づく損害賠償請求が整備されていなかったため、民法の一般的な不法行為により請求したものである。

　この虚偽記載というのは、大株主の保有株式数についてであり、正確には、上位株主 10 名で、90％近い株式を保有しており、これは東京証券取引所の少数基準に抵触しており、解消されないと上場廃止事由に該当するという状況であった。この虚偽記載が平成 16 年 10 月 13 日に明るみに出て、11 月 16 日に東京証券取引所は西武鉄道株の上場廃止を決定、12 月 17 日に上場廃止となった。そこで、損害を被った株主が会社の役員らを相手に損害賠償請求をした。

　第 1 審（東京地判平成 21 年 3 月 31 日判時 2042 号 127 頁）では、上場会社の発行済株式総数の過半数を超える株式を親会社が所有していることを隠し、有価証券報告書等に株主の状況を虚偽に記載したことについて、西武鉄道株式会社、その代表取締役およびその親会社は、共同不法行為者として責任を負うところ、この虚偽記載により西武鉄道が上場廃止となり株価が下落したことによって、株主は、株式の取得価格から売却価格を減じた額の損害を被ったものといえる、とした。さらに第 2 審の東京高裁（東京高判平成 22 年 4 月 22 日判時 2105 号 124 頁）でも、同様の判決が出たため、判決を不服として、上告がなされた。

　最高裁は、平成 16 年の 10 月に始まった西武鉄道株式会社の有価証券報告書虚偽記載についての損害賠償請求事件において、個人投

資家および機関投資家による訴訟について判断を示した。有価証券報告書等に虚偽記載のある上場株式を取引所市場において取得した投資家が、当該虚偽記載がなければこれを取得しなかったとみられる場合には不法行為が成立し、虚偽記載の公表後の、いわゆるろうばい売りによる上場株式の市場価額の下落による損害は、虚偽記載の判明によって通常生ずることが予想される事態であって、相当因果関係のある損害に当たる、として、当事の役員らの損害賠償責任を認めた（最判平成 23 年 9 月 13 日判時 2134 号 45 頁）。

この後、本文で説明したとおり、金融商品取引法の改正があり、原告株主側の立証の負担が軽減された。今後は、より原告株主側に有利な判決が出るものと思われる。

一方、東京証券取引所の規則では、「上場会社が有価証券報告書等に虚偽記載を行い、かつ、その影響が重大であると当取引所が認める場合」にはその株式の上場を廃止するとされている。しかし、実際どのような場合に「その影響が重大であると」東京証券取引所が認めるかという基準が、かなりあいまいだった。

そのため、上場会社の虚偽記載が発覚するたびに、株価が乱高下する原因にもなっていた。また、上場廃止を経営者の虚偽記載に対する罰と考えると、虚偽記載の被害者である投資家がさらなる損失を被るという問題点も存在した。そこで、虚偽記載があった場合にも、直ちに上場廃止にするのではなく、特設市場に移し、3 年間で状況が改善しない場合に上場廃止にするよう、東証がルールを見直した。この改正で事実上オリンパスの株主は救われたが、西武鉄道の株主は簡単に売却できない株式を保有したままとなっている（前掲 **コラム** 10 を参照）。

なお最近金融商品取引法のような法律だけでなく、このような東証規則などのソフトローが大きな意味をもち、当事者間でどのような救済が妥当か、議論する重要性が指摘されている。

第6章

会社④　企業再編
経営戦略としてのM＆Aを題材に、企業再編について学ぶ

【ねらい】本章では、企業買収やM＆A（合併、事業譲渡）について学びます。みなさんが就職した会社がある日、M＆Aつまり、他の会社と合併したり、事業譲渡したりして、会社そのものや在籍していた部署がなくなるかもしれません。この章では、いわば会社の外科手術として使われるM＆Aについて学びます。その後コラムのなかで、M＆Aに際して最近事例が多い株式買取請求権、また会社の倒産についても学びます。

1　はじめに

　X会社は、出版業を営む会社であるが、折からの出版不況で売上が3年間で半分以下に下がった。特に大きいのは、売上の80％を占める雑誌の発行部数の減少である。X会社は、ガーデニングや高級洋食器に関する雑誌5誌を発行していたが、ここ数年で発行部数が30％ほど低下した。Y会社は印刷業を業とする会社で、数百万円の債権をもつX会社の取引先であった。

　X会社は、雑誌の発行部数が下がり、広告費の入金も下がってきた。そして、税金の滞納による差押で力尽き、破産申立を行った。Y会社は、債権も有するが、X会社の雑誌事業の再生は可能と考えている。企業再生にはどのような手法が考えられるかを、以下で学ぶ。

　M＆Aは、会社の規模を拡大するために行うことも多いが、上記の例のように、会社の倒産（後掲**コラム13**参照）に際して自力再建策の一手法として用いられることもある。

コラム 13 ● 会社の倒産

　会社の倒産について、明らかな基準はないが、会社が次のような状況になった場合に「倒産」と表現するケースが多い。つまり、2回目の手形不渡りを出し、銀行取引停止処分を受けた際に、裁判所に、①会社更生法に基づく会社更生手続、②民事再生法に基づく再生手続、③破産法に基づく破産手続の開始請求をしたときなどである。

　①会社更生手続とは、経営が苦しい株式会社について、裁判所の監督のもとに、裁判所が選任した更生管財人を中心として債権者や株主その他の利害関係人の利害を調整し、再建を図る手続である。②民事再生手続は、個人も対象となるが、経済的に苦境にあるものが債権者の多数の同意を得てかつ裁判所の認可を受けた再生計画により、事業の再生を図る手続である。それに対し、③破産手続とは、裁判所が選任した破産管財人が支払不能または債務超過の状態にある者の財産を清算する（つまりゼロにする）ことを目的とした手続である。いずれの状態でも、会社は清算の危機にあり、従業員も解雇の危機にある。

　本章で説明するM＆Aに関連して述べると、たとえば民事再生手続は、苦境にある会社がスポンサーに頼らず、自力で再生しようとすると、仮に債権者の賛成で、80％の債務を免除してもらったとしても、免除による利益（の45％程度）に税金がかかることがあり、結局再生が失敗して、破産手続に移行する。一方、スポンサー会社に事業譲渡したり、会社分割することにより、事業および従業員が移転して、新たな出発を目指すことができる。そのため、従業員は解雇されず、新たな職場で仕事を続けることも可能となる。また破産手続や民事再生手続では、株主総会の特別決議に代わる裁判所の許可制度が法定されており（民事再生法43条など）、株主の反対があっても、事業譲渡等が可能となる。

M＆Aと聞いても、まだ学生の、もしくは会社に入りたての自分には関係ないと思うかもしれないが、不況や経済情勢の変化を乗り越えるために他社と合併したり、事業譲渡したり、すなわちM＆Aをすると、自分の会社はどうなるのか、知っておく必要がある。

　特に金融機関では、合併・消滅が盛んに行われており、私のゼミOBのなかには、入社後10年で4回会社の名前が変わったヒトがいる。またみなさんのなかには、将来、銀行や証券会社でM＆Aの仲介に携わる人もいるかもしれない。M＆Aとは、企業の買収を指す場合があるが、通常は企業の過半数の株式（支配権という。第3章**コラム5** 参照）を買収することである。その法的手段にはいろいろある。本章の大きな目的は、その法的手段を学習することである。

2　組織再編とは何か

（1）会社の種類

　復習であるが、会社法によれば会社の種類として、持分会社（合名会社、合資会社、合同会社）と株式会社の4種類がある。会社法でいう組織再編には、組織変更、事業譲渡、合併、会社分割、株式交換、株式移転がある。株式会社を合資会社にしたり、合名会社を株式会社にすることが組織変更である。

　通常M＆Aとは、会社の事業を第三者へ売却することをいうが、正式には、企業の買収・再編・提携を意味する。その際、通常は株主総会の特別決議（基本的に3分の2以上の賛成）が必要であるが、反対株主には自分の株式の株式買取請求権（後掲**コラム14** 参照）がある。

(2) 組織変更

　会社が同じ会社のまま、他の種類の会社となることを組織変更という。具体的には、①株式会社から持分会社へなること、反対に、②持分会社から株式会社となること、である。なお、持分会社の種類変更（たとえば、合資会社から合名会社等）は組織変更ではない。

　さらに、手続として、組織変更の変更計画を作成し、それを関係者に事前開示する。その後、組織変更計画について総株主（総社員）の同意を得て、会社の債権者異議手続（たとえば、官報の公告）をとり、組織変更契約で定めた日に効力が発生するが、登記を経ることが必要である。

　最後に、組織変更無効の訴えであるが、もし組織再編に、たとえば株主総会決議を受けないなど重大な手続の瑕疵などがあれば、組織変更無効の訴えがなされ、無効判決が確定した場合には変更前の会社に戻る。

図1　組織変更

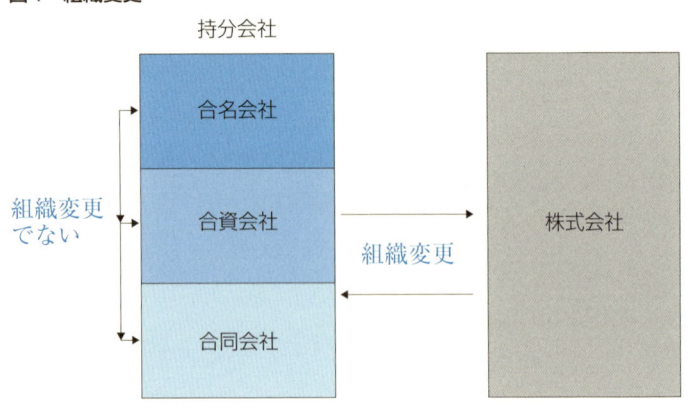

(3) 各種の組織再編行為

組織再編には、組織変更のほか、事業譲渡、合併、会社分割、株式交換、株式移転、がある。前述した4種類の会社間でも合併などは可能である。

上記の組織再編行為について、1つ1つ説明する。

①事業譲渡

事業譲渡とは、ある会社（A会社）の事業の全部または重要な一部（判例では、一定の営業目的のため組織化され、有機的一体として機能する財産と表現されている）を、別の会社（B会社）に譲渡することをいう。組織化された有機的一体の財産を譲渡するとは、たとえば出版業の場合、出版に必要なパソコン、コピー機、DTP機、出版に必要なソフトなどだけでなく、その名前で雑誌を出版できる権利やバックナンバーの販売権が含まれ、その事業に従事する従業員の雇用も移ることとなる。また、取次会社との販売契約も引き継ぐこととなり、契約上の地位の移転も含まれる。

問題は、A会社が今後同じ名前の雑誌を出版できなくなるか否かであり、できなくするのが競業避止義務である。通常は契約で、競業避止義務を規定するが、規定しないこともある。競業避止義務を規定したが後継者不足で事業を別の会社に譲渡して、しばらくその会社の従業員として元の会社の社長が勤務するような例もある。

基本的には、AB会社間の合意（代表取締役間の契約など）と株主総会決議でM&A（事業譲渡）の効力が発生するが、M&Aにより市場の占有率が高くなりすぎる場合は、公正取引委員会への届出を必要とし、競争促進のため公正取引委員会は規制に違反した会社へ強制的に事業の譲渡を命じることができる。

図2 事業譲渡

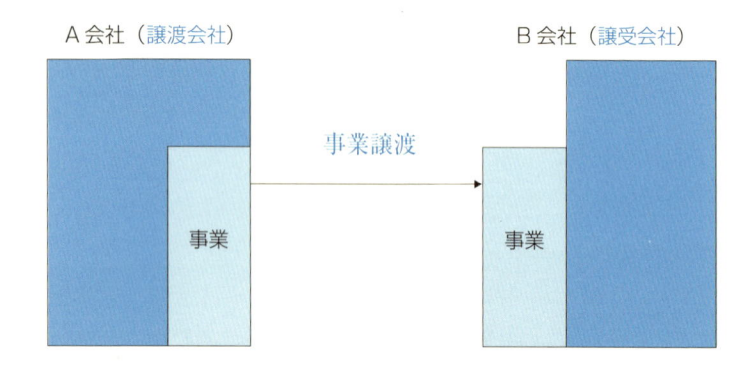

A会社（譲渡会社）　　　　　　　　B会社（譲受会社）

事業譲渡

事業　　　　　　　　　事業

　なお、事業譲渡より小規模な財産の移転を「重要な財産の処分」といい、取締役会の決議だけで行うことができる。

　i）A会社　　事業全部の譲渡、事業の重要な一部の譲渡には、株主総会の特別決議（原則、出席株主の3分の2以上の賛成）が必要となる。反対株主には、株式買取請求権がある。例外として、簡易手続（譲渡する資産規模が総資産額の20％以下の場合）、または略式手続（B会社がA会社の株式の90％以上を保有する場合）には、株主総会特別決議は不要となる。

　ii）B会社　　取締役会が設置してある会社では、取締役会決議が必要であるが、他の会社の事業全部の譲受の場合には、特別決議が必要となる。B会社がA会社の株式の90％を保有する場合（略式手続）、または譲受の対価がB会社の純資産額の20％以下の場合（簡易手続）、例外的に譲渡を受ける会社では株主総会特別決議は不要となる。反対したB会社の株主にも株式買取請求権（後掲**コラム14**参照）が認められる。

コラム 14 ● 株式買取請求権

　株式買取請求権とは、株主総会において合併や会社分割、事業譲渡などが決議された場合、反対株主は、会社に対して自分の株式を公正な価格で買い取ることを請求することができる権利のこと。価格について、会社と株主との協議が成立しないときは、株主もしくは会社が裁判所に価格の決定を請求できる。近年、MBO（マネジメント・バイアウト）など会社に強制的に株式の買取を認める制度が整備されたため、この株式買取請求が、多く裁判所にもち込まれている。

　問題は、買取価格であるが、会社法は「公正な価格」としている。何が公正な価格かについては、近年多くの裁判例が出されている。買取価格については、もともとは旧商法で、「決議ナカリセバ其ノ有スベカリシ公正ナル価格」（旧商法 408 条ノ 3）と書かれていたものが「公正な価格」（会社法 785 条 1 項他）との表現に変更された。その意図するところは、M＆A の結果として発生する（であろう）シナジーの配分という要素を加味して買取価格を算定できるようにするという点にあるといわれている。つまり将来の値上がり分を反映した株価で、自分の保有する株式を買い取れということである。しかしこの値上がり分は将来の株価であり、誰にもわからない。それを裁判所に決めてもらうので、どのような証拠を出すかがポイントとなる。

　この場合、事業に属する個々の資産の処分については、個別に移転登記などの手続が必要となる。また事業譲渡の場合には、契約で A 会社が、競業避止義務（その後同じ事業を行わない義務）を負うことが多い。通常 A 会社の従業員も、一緒に B 会社に移転する。その場合 A 会社の従業員と B 会社の従業員が同じ雇用契約を結ぶことも

あるが、違う契約を結ぶこともあるし、契約を結ばないこともある。

②合併

会社の合併とは、2つ以上の会社が契約により1つとなることである。合併には、当事会社の1つが存続して他の会社を吸収する場合（吸収合併）と当事会社がすべて消滅して新しい会社ができる場合（新設合併）とがあるが、通常は、前者の吸収合併が用いられる。

消滅会社の全財産は、存続会社や新設会社へ包括的に引き継がれる。事業譲渡のように、必要な財産だけを選んだり、不要な財産を除外することはできない。

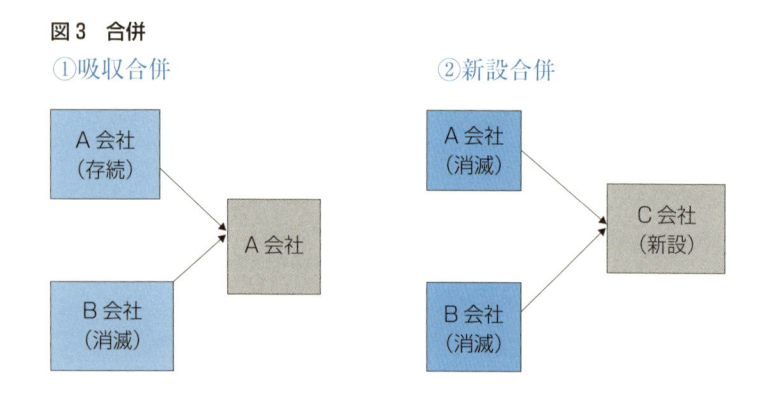

図3　合併

①吸収合併　　　　　　　　②新設合併

i）吸収合併　吸収合併の場合には、合併によりB会社（消滅会社）が解散する。B会社の全財産（雇用契約・債務も含む）は、A会社に移転する。B会社の株主は、自分の株式を失うので、自分の持ち株数に応じて、A会社の株式を受け取る。その場合、A会社とB会社の株式の価値は異なるので、同じ価値の株式が交付されるが、株式数は同じとは限らない。A会社の株式とB会社の株式の交換比

率を、合併比率という。なおA会社は、自社株に代え、その親会社の株式（三角合併と呼ばれる）または現金をB会社の株主に交付してもよい。これを対価柔軟化（A会社株以外の株式を交付してもよい）という。もしB会社株主が交換比率などに不満がある場合には、シナジー（相乗効果。合併により、より多くの価値を生み出すこと）を含めた「公正な価格」を求めて、株式買取請求権を行使することとなる。

ⅱ）新設合併　　新設合併の場合、合併によりA会社およびB会社が消滅し、両会社の全財産は新設のC会社に引き継がれる。A会社およびB会社の株主は、自分の株式を失うので、代わりにC会社の株式を受け取るが、A会社とB会社とでその交換比率は異なる。この場合も、C会社株式だけでなく、金銭やC会社の親会社の株式も交付可能となる。

ⅲ）合併手続　　合併には、AB会社間で必要な事項を含んだ契約書を締結し、その内容の骨子を株主および債権者に開示する。その後株主総会において、特別決議による承認を受ける（吸収合併において、略式合併〔A会社がB会社の株式の90％以上を保有する場合〕および簡易合併〔合併されるB会社の資産規模がA会社の総資産額の20％以下の場合〕などは除く）。その後債権者異議手続（官報公告など）を行い、登記を行う。新設合併の場合には、登記日に合併の効力が生じる。しかし吸収合併の場合には、契約で定めた日に合併の効力が生じる。

ⅳ）合併無効の訴え　　合併手続に重大な手続上の問題がある場合に、B会社の株主らは、無効の訴えにより、合併の効果を否定できる。株主側が勝つと元の会社が復活することになる。

合併比率が著しく不公正な場合（たとえば、1株当たりの純資産は同じなのに、交換比率が1対5のような場合）でも、裁判所は、合併は無

効ではなく、株式買取請求権で処理するべきであるとしている（最判平成 5 年 10 月 5 日資料商事 116 号 196 頁）。

③会社分割

会社分割とは、A 会社が事業に関して有する権利義務の一部または全部（の資産）を、B 会社に移転させることをいう。会社分割には、A 会社（分割する会社）が、既存の会社に権利義務を承継させる吸収分割と、新しく会社を新設して権利義務を承継させる新設分割とがある。さまざまな事業を営んでいる会社が、ある事業部門を独立させたり、他の会社と合弁で新しい会社を作るなどというときに用いられる。

図 4　会社分割

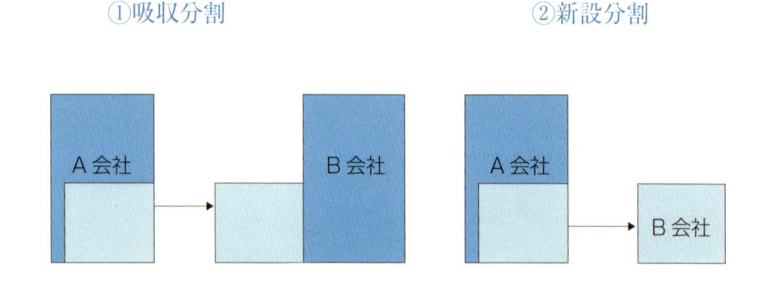

①吸収分割　　　　　　　　　　②新設分割

ⅰ）吸収分割　　A 会社が事業に関して有する権利義務の全部または一部を B 会社に承継させる契約を締結することをいう。吸収分割は、B 会社からみれば、吸収合併という面ももつ。会社分割後も A 会社は存続するため、分割の対価となる株式が B 会社から A 会社の保有となる（以前は物的分割といった）。

ⅱ）新設分割　　A 会社が事業に関して有する権利義務の全部ま

たは一部をB会社を設立して承継させる場合をいう。なお2社以上の会社が共同で、分割会社として、「事業に関して有する権利義務の全部または一部」を新設会社に承継させることも可能であり、共同新設分割という。B会社の株式などは、A会社（および他の分割会社）に交付される。

ⅲ）分割手続　　会社分割をするには、分割契約（吸収分割）または分割計画（新設分割）を作成し、事前の情報開示とともに、分割契約について株主総会の特別決議が必要となる。反対株主には公正な価格による株式買取請求権が認められる。その後公告などの債権者異議手続を経て、吸収分割は契約で定めた日、新設分割は新設会社の設立登記の日に会社分割の効力が発生する。

なお労働契約も承継されるが、労働者保護のため、特別法により保護されている。会社分割による労働者の解雇を防ぐためである。

ⅳ）濫用的会社分割　　近年A会社の債権者を不当に害する目的で、会社分割されることがあり濫用的会社分割と呼ばれている。

たとえば、A会社の債権者Xがいる。A会社はXに対する債務の弁済を逃れるため、わざと会社財産をB会社に分割するが、実態はAB会社ともに同じ経営者が営業しているというケースである。

判例では、法人格否認の法理や詐害行為取消権を使って、承継会社（B会社）に債務を負わせるような解決が図られている。

ⅴ）会社分割無効の訴え　　会社分割の手続に瑕疵があったような場合、分割無効の訴えしか主張することができない。分割の効力発生から6ヶ月以内に、提起しなければならない。

④株式交換・株式移転

株式交換または株式移転とは、A会社が株主総会の特別決議によ

り、B会社の100％子会社（B会社はA会社の100％の株式を保有）となる取引である。B会社が既存の会社の場合を株式交換といい、新しく設立する場合を株式移転という。特に、2社以上が共同で株式移転することを、共同株式移転という。B会社が事業をしないで他の会社を支配することを目的とする場合は純粋持株会社といい、B会社も事業を行っている場合は事業持株会社という。

たとえば、みずほフィナンシャルグループは、親会社の株式会社みずほホールディングスが上場して株式を公開し、フィナンシャルグループ内の金融機関は、ホールディングス（持株会社）により、100％の株式を保有されている。このように親子関係のなかった会社間に、新しい親子関係をつくるのが、株式交換・株式移転である。

ⅰ）株式交換　　A会社の株主が保有する株式を、既存のB会社株式と交換することにより、A会社がB会社に100％の株式を保有される子会社となる取引である。A会社の株主は、あらかじめ定められた交換比率により、A会社株式とB会社株式などとを交換する。

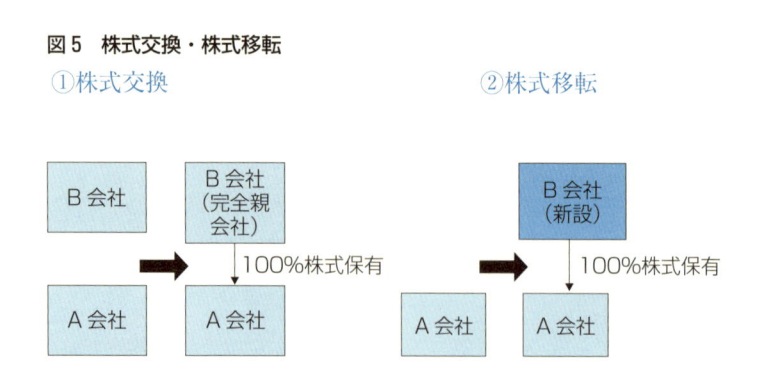

図5　株式交換・株式移転

①株式交換　　　　　　　　　　　②株式移転

A会社およびB会社において、株式交換契約が締結され、その後株主総会の特別決議による承認を受ける（略式手続・簡易手続の場合には特別決議不要となるのは他の手続と同じ）という手続を踏む。

　なお反対株主などには、公正な価格での株式買取請求権が認められる。その後債権者異議手続を経て、株式交換契約により定めた日において効力が発生する。

　ⅱ）株式移転　　A会社の株主が保有する株式を、新たに設立するB会社株式などと交換することにより、A会社がB会社に100％の株式を保有される子会社となる取引である。株式移転計画によりB会社の設立登記がなされた日に効力が発生する。

　ⅲ）株式交換・株式移転無効の訴え　　株式交換・株式移転の効力発生から6ヶ月以内に、無効の訴えを提起しなければならない。無効判決が確定した場合には、B会社は、株式交換・株式移転によって取得したA会社の株式をA会社の株主に返還する。その結果、100％の親子関係がない元の会社に戻る。

（4）実際のM＆A

　最初に挙げた設例のX会社とY会社の例は、その後どうなったのだろうか。X会社は、破産申立を行い、破産管財人が就任したが、事業継続は不可能だった。そこで裁判所は、雑誌には定期購読者という債権者がいることの社会的な影響も考えて、雑誌事業を第三者に譲渡することとした。管財人が交渉したところ、Y会社のほかにY_2〜Y_4社の3社が名乗りを上げた。そこで事実上の入札となった。

　入札では、金額だけでなく、その方法、従業員の処遇、債権者保護などが問題となる。Y会社は、金額は低めだったが、希望する従

業員全員の雇用、定期購読者への残りの期間の無料献本、などで支持を得た。X会社の事実上のオーナーで最大の債権者でもあったX_1は、関連企業に声をかけて、入札に参加したが、従業員がX_1の購入に反対の意見書を出し、裁判所が検討した結果、雑誌事業の譲受会社はY会社に決まった。

M&Aの手法としては、会社分割の方法もあったが、債務をすべて切り離すこと、雑誌の発行権およびバックナンバーの販売権のみで、不動産はなかったことなどから、個別財産を契約書で指摘する事業譲渡の方法をとった。譲受金額は数百万円と低めだったが、他の条件を考慮し、管財人の申請に基づき、裁判所は事業譲渡の許可を出した。Y会社は印刷会社なので、新たにZ会社を設立して、事業の譲受を行った（もしこれが会社分割であれば、98頁③のⅱ）の新設分割となった）。

事業譲渡には、株主総会の特別決議が必要だが、破産を申し立てた会社の場合には、破産法で特別決議に代えて、裁判所の許可で事業譲渡が可能となる。後日談だが、この決定に不満なX_1は事業譲渡代金が低いことから、事業譲渡停止の仮処分を裁判所に提起した。しかし裁判所の決定は覆らず、この申立は却下された。

Z会社には、A会社の元従業員が数名入社した。元従業員には、勤務場所から、雇用条件まで、大きな環境の変化が生じた。元従業員とZ会社の間には、新たな雇用契約が締結されたが、黒字化するまでは給与20％カットという条件が付けられた。会社のM&Aは、経営陣だけでなく、従業員やその家族の人生も大きく左右することとなる。

第7章
手形・小切手法
現金の代わりに、手形や小切手で支払うことの法的意味を学ぶ

> 【ねらい】手形や小切手というのは、現金に代わる支払手段です。日本では、手形や小切手の多くが会社によって使われていることから、会社に入るとその存在を知ることになるはずです。現金に代わって支払に使えるものはほかにもあります。クレジットカードや電子マネーなどです。これらは学生のときから使っている人も多いと思いますが、社会人になると自分の給料で支払を行うようになり、より身近に感じるかもしれません。この章では、現金と何気なく使ってきた現金に代わる支払手段について、考えてみたいと思います。

1 はじめに

　私たちは、毎日の生活のなかで何かを買う時、たとえば、コンビニで飲み物を買う時、デパートでかばんを買う時、電器店で時計を買う時、飲み物やかばん、時計と引換えに、その対価を支払うことになる。その支払は、現金（通貨）であるお札（日本銀行券）や硬貨（貨幣）でなされる場合もあれば、電子マネーの場合もクレジットカードの場合もある。デパートや大きな電器店だったら、これら三つのいずれでも支払えることはもちろん、商品券やデビットカードなどでも支払えるところが多い。その一方で、電子マネーやクレジットカードですら支払手段として受け付けない小売店もある。しかしそういったお店も、現金、すなわち日本銀行券や貨幣が支払として使えないとは決していわない。すなわち、日本銀行券や貨幣は必ず支払手段に使えるのに対して、これ以外の電子マネーやクレジット

カードなどは使えるところと使えないところがある。これはなぜだろうか。

　まず、国立印刷局が印刷するお札（日本銀行券）と造幣局が製造する硬貨（貨幣）がどこでも使える理由は、それらが法定通貨（法貨）として、日本国内の支払の手段として強制的に通用する力をもつことが法律で決められているからである（日本銀行法46条2項、通貨の単位及び貨幣の発行等に関する法律7条）。たとえば、日本銀行券や貨幣で支払おうとするお客さんに対して、「うちでは、○○商品券しか支払方法として認めないよ」として、千円札での支払を拒むことはできないということである。

　これに対して、日本銀行券や貨幣以外の支払手段は、法定通貨ではないため、そのような強制力はない。クレジットカードでどうしても支払いたいと思っても、そのお店がそれを引き受けてくれなければ（その体制が整っていなければ）、日本銀行券や貨幣で支払うしかない。比較的大きいお店、たとえば、デパートやホテル、レストランなどでは、電子マネーやクレジットカードなどさまざまな支払手段を受け入れる体制が整っているが、小規模の小売店ではこれらの支払を認めていないところが多い。その理由として、これらの支払、たとえばクレジットカードによる支払を受け入れるためには、そのカード発行会社と契約を結ぶ必要があり煩雑であること、より実質的には小売店は客がクレジットカードを使うたびに手数料を取られることが挙げられ、小規模の小売店にとっては負担が大きいからである。

　また、これ以外の支払手段として手形や小切手が挙げられる。これらは、個人によって使われることはごく稀で、その多くは会社に

よって利用されていることから、あまり馴染みがないかもしれない。しかし、国によっては個人によっても頻繁に使われており、これまで経済を支えてきた重要な支払手段の1つといえる。こういった手形や小切手について、クレジットカードや電子マネーなどのほかの支払手段とどう異なるのか、どのように使われるのか、適用される手形法・小切手法とはどのようなものなのかについて、以下、考えてみよう。

　なお、本章では、手形のうち約束手形を前提に検討し、為替手形は取り上げない。約束手形のほうが、為替手形ほど制度的に複雑ではなく比較的理解し易いこと、また約束手形と為替手形はほとんど同じルール（手形法）が適用されるため（手形法77条）、約束手形に関する説明が為替手形にもほぼそのまま妥当することが、その理由である。他方、小切手は、約束手形との対比で、その異同点を中心に言及する。

コラム 15 ● 電子記録債権の利用
〜「でんさいネット」の稼働

　手形や小切手は、現金同様、実際に目で見ることもできるし、手に取ることもできる。しかし、それゆえ実際に使うときには、その実物を持っていかなければならないし、実物があるゆえに盗難や紛失といったリスクがある。ネット上でこれら手形や小切手を使用できたらどんなに便利であろうか。現在、手形の担ってきた機能をネットを使って実現する試みが進行中である。全国銀行協会が取り組んでいる「でんさいネット」という制度のもとの、電子記録債権法に

基づく「電子記録債権」である。

具体的に、「でんさいネット」では以下のような支払の流れになると思われる。①支払う義務を負う者（債務者）が、自分の取引銀行に対して、支払期日や金額、支払う相手である債権者の氏名・名称および住所、債務者の氏名・名称および住所などを伝え、債権を電子記録してもらう（記録するのは、全国銀行協会が100％出資した電子債権記録機関「全銀電子債権ネットワーク」である）。②支払期日の2営業日前になると、電子債権記録機関から債務者の窓口銀行に決済情報がいき、支払期日になると当該銀行は債務者の口座から資金を引き落として、債権者の決済口座に自動的に送金する（口座間送金決済）。③この口座間送金決済が終わると、債務者の窓口銀行から決済通知が「でんさいネット」に送られ、決済が無事に完了した旨が「支払等記録」として記録される（支払期日の3営業日後）。

こうすれば、ネット上で手続は完結し現金や手形などの受け渡しは必要なくなる。しかし、ネット上で手続ができるといっても、債務者個人で行えるわけではなく銀行を通さなければならないことから簡便さに欠ける。現在、実現に向けて準備が進められているが、この制度の導入の影響は未知数である。

2　ネットオークションの代金を約束手形で支払うとしたら？

ネットオークションで、今は廃番になってもはや小売店では買うことのできない時計を落札できた場合を考えてみよう。支払方法は、銀行振込がもっとも一般的であろうが、それ以外にも現金を手渡しする方法、現金書留で現金を送る方法、ゆうちょ銀行で購入した定額小為替を送る方法、クレジットカードで支払う方法などが考えられる。

それでは、もしネットオークションの支払を約束手形で行うとしたら、どうなるかを考えてみよう。約束手形とは、手形法75条に規定される手形要件、具体的には「約束手形」という文字、一定の金額を支払うという約束の文言、満期がいつで、どこで支払うか、誰が支払を受けるかなどを備えた紙片を指す。すなわち、おおざっぱにいえば、「振出人である私Aは、2012年8月20日に、5万円を、受取人であるBさんに、東京都世田谷区で支払う約束をします」と書いたものが約束手形である。Aさんは、これを約束の相手であるBさんに渡し、満期日である8月20日に5万円を支払えるようにお金を用意しておくことになる。約束手形を受けとったBさんは、8月20日に東京都世田谷区に行って約束手形を呈示し、支払を受けることになる。

　この支払方法がネットオークションに不向きであるのは容易にわかるであろう。まず、支払う約束をした者は約束手形を相手に手渡さなければならないし、約束手形を受け取った者は満期まで支払を待たなければならず、また支払のために指定の場所にわざわざ行かなければならないのだから。しかし、こうした約束手形が支払方法として使われない、より大きな明らかな理由が存在する。それは、Aさんが8月20日に5万円を支払ってくれる保証はどこにもない、ということである。出品者のBさんはAさんの支払能力がどの程度であるかを通常知らない。また、仮にAさんに支払能力があったとしても、支払を拒まれた時に、BさんがAさんに支払を強制する手段がどの程度容易に利用可能かわからない。そのようなBさんが、Aさんから約束手形を支払手段として受け取って時計を引き渡すということは、合理的な経済判断を前提にすれば考えられない。

このことを換言すれば、法定通貨以外の支払手段では、その手段がどの程度容易に現金化できるかが重要ということになる。支払の強制力を有するのはあくまでも現金のみであり、それ以外は現金に換えられる（と信じられている）限りで価値が認められるからである。

　この点、電子マネーや定額小為替、デビットカード、商品券などは容易に現金化できる。なぜなら、これらは使われる前にすでにそれらに相当する現金が用意される必要があるからである。たとえば、電子マネーは、電車に乗る前やコンビニエンスストアで買い物をする前に専用の機械でチャージしなければならないし、商品券はデパート等で、定額小為替はゆうちょ銀行で、額面相当額（額面が1,000円なら1,000円）で購入してからでなければ使えない。デビットカードは、銀行口座にある預金の残高から相当額が引き落とされることから（よって事前にATMでお金を引き出す必要はない）、支払のときにそれに相当する残高が決済口座に存在する必要がある。このように、これらの支払手段には、支払義務を負う者が支払能力がないということから生じる、「現金化できないリスク」は原則としてない、ということになる。

　これに対して、クレジットカードは、使用する前または使用する時点では現金を用意する必要はない。たとえば、5万円の時計を買うためにクレジットカードを使う時、5万円を持っている必要はない。クレジットカード会社から請求された時点で支払えれば（決済口座に相当額の残高が存在すれば）よいのである。よって、クレジットカードでの支払は、支払う義務を負う者（ここでは5万円で時計を買った者）が支払えない——よって、その分は請求者が現金化できない——というリスクを常に伴うのであり、電子マネーなどとは性

質を本質的に異にする。

3 信用してもらうために必要なこと

　支払義務者である債務者に資力がないというリスクは、誰が負うのであろうか。クレジットカードの場合、売主ではなくクレジットカード会社である。クレジットカード会社は、会員がその会社のカードを使った時、その会員のために立て替え、数ヶ月後にその会員に立て替えた分を請求する。その時支払ってもらえないリスクをクレジットカード会社は負っているのである。

　では、この取引におけるクレジットカード会社にとっての利益とは何だろうか。それは、売主から払われる手数料である。売主たる小売店は、クレジットカードを利用可能とすることで客が増えることを期待して（現金ではなくクレジットカードでしか支払いたくないという人もいる）、手数料をクレジットカード会社に支払うのである。その結果、客は何の追加の料金も払わずに、支払を遅らせることができるのである。

　とはいっても、クレジットカード会社は、払ってくれる見込みがまったくない者のためには、いくら手数料をもらっても立て替えることはできない。よって、クレジットカード会社にとっては、そのような見込みがあるか否かを事前に審査しておくことが必要となる。だからこそ、カード入会時に入会希望者の信用情報（どの程度の収入や借金があるのか、どこに勤め、勤続年数は何年か、どのようなところに住み、扶養家族は何人いるのかなど）などを詳細に尋ねるのである。そして、支払見込みがある者のみを会員とするのである。

　これに対して、約束手形における支払義務者（債務者）に資力がな

いうリスクは誰が負うのであろうか。手形においても、手形を振り出した時（約束の相手方に渡した時）、それに相当する金額を有している必要はない（満期日までに用意すればよい）。手形の場合、このリスクを負うのは、売主その人である。売主が支払の相手となるのであり、売主に約束手形を振り出した者は満期日に約束した金額を支払ってくれると信用してもらえなければ、約束手形は受け取られない。よって、約束手形の流通には、この売主による信頼が必須なのである。

　では、どのようにすれば売主に当該手形が容易に現金化すると信頼してもらえるだろうか。もし、売主が自分で約束手形の振出人の信用情報を調べなければならないとすれば、約束手形は使われなくなるであろう。そのような手続は煩雑すぎるからである。そこで考案されたのが、銀行を使った、約束手形を受け取る者が振出人の信用情報を調べなくても手形振出人の信用が一定程度確保される仕組みである。

　この仕組みは、流通する約束手形の形式を「統一手形用紙」という紙片に統一し（フォーマットが決められ、振出人は空欄を埋めればいいようにしておく）、銀行が、その用紙を自行に当座預金口座を有している顧客に対してのみ発行し、自行の顧客によりその用紙を使って振り出された手形の支払を、その顧客の当座預金口座から責任をもって行うことをその内容とする。こうすれば、支払を受ける者は、手形の振出人が銀行による審査の結果、当座預金を開設できていること、および支払は当該当座預金から行われることがわかり、そのような制度がないときよりも、はるかに安心して約束手形を受け取れる。もっとも、いくら当座預金口座を有している顧客であっても、

手形・小切手用紙

（約束手形用紙）

```
No._____          約束手形      No.A090912

                        B    殿           支払期日  平成 24 年 8 月 20 日
収入   金額                                支払地   東京都世田谷区
印紙       ￥ 50,000※                     支払場所
                                          成城銀行東支店
       上記金額をあなたまたはあなたの指図人へこの約束手形と引替えにお支払いいたします
       平成 24 年 5 月 20 日

       振出地  東京都千代田区神田駿河台10-7
       住 所
       振出人
                       A   (印)

         ⑦02⑦2701⑧0010⑦1103⑦   ⑦05564
```

東京 1007
0120-052

（為替手形用紙）

```
No._____        為替手形    No.BB090912

       支払人(引受人名)
                      C    殿            支払期日  24 年 8 月 20 日
収入   金額                                支払地   東京都世田谷区
印紙       ￥ 50,000※                     支払場所
                                          成城銀行東支店
       (受取人)
            B
                                          引受  平成 24 年 5 月 20 日
       殿またはその指図人へこの為替手形と
       引替えに上記金額をお支払いください      東京都新宿区西新宿1-2
                         拒絶証書不要
       平成 24 年 5 月 20 日
       振出地  東京都千代田区神田駿河台10-7
       住 所
       振出人
                      A  (印)                   D  (印)
                                                        用紙交付
                                                        成城銀行
```

（小切手用紙）

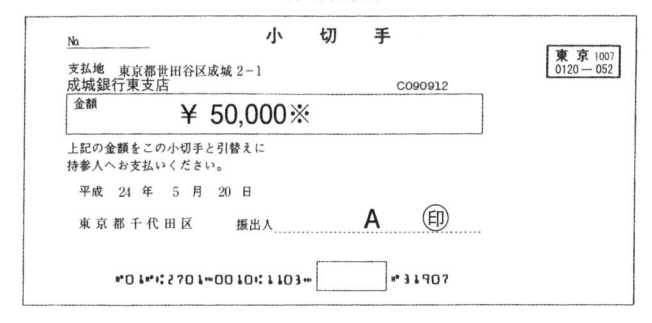

```
No._____              小 切 手

支払地  東京都世田谷区成城2-1
成城銀行東支店                      C090912
金額
            ￥ 50,000※

上記の金額をこの小切手と引替えに
持参人へお支払いください。

  平成 24 年 5 月 20 日

  東京都千代田区   振出人   A  (印)

        ⑦01⑦2701⑧0010⑦1103⑦   ⑦31907
```

東京 1007
0120-052

3　信用してもらうために必要なこと………111

口座に残高がまったくない場合には、銀行は手形を呈示されても基本的には支払えない。しかしこういった状況については、満期日に支払えない手形を振り出した者に対する厳しい制裁をルールとして課すことで、支払えない状況に陥ることを極力減らす試みがなされている。具体的には、満期日に手形を2度にわたって支払えなかった場合には（満期日に支払えない手形を不渡手形という）、銀行と2年間取引停止になるというペナルティが用意されている（2年間も銀行と取引できなかったら普通の会社は倒産することから、このような措置は会社の終焉を意味するといっても過言ではない）。よって、手形を振り出した者は、何が何でも満期日に手形に記載された金額を用意するよう努力することになり、その結果「統一手形用紙」の手形の支払可能性が高められているのである。

　このように、約束手形は、振出人が当座預金口座をもつ銀行において支払を受けられること、および不渡手形に対して厳格なペナルティが課せられること等から、その現金化がある程度担保される、と考えられている。このことは、「統一手形用紙」を使っていない手形は、これらが期待できないことから支払の可能性が低くなるものとされ、一般的に取引市場から駆逐されていくであろうことを意味する。手形法上は、「統一手形用紙」でなければ手形と認めないなどと規定されているわけではまったくなく、どのような媒体（たとえば、チラシの裏面）でも手形要件を満たしていれば手形とされるのにもかかわらず、である。実際、約束手形として市場に流通するものは、現在「統一手形用紙」以外にはほとんどない。

4　紛失したときには？

　もし、財布を落としてしまったら、あなたならどうするだろうか。おそらく警察に届けて連絡を待つというのが一般的であろう。運よく連絡があったとして、警察に取りに行ったが、なかに入っていた現金、電子マネーの入ったカード、クレジットカード、商品券が抜き取られていたとしよう。これらのなくなってしまった支払手段について、あなたは諦めなければならないのだろうか。

　まず、商品券から考えてみよう。もし盗んだ本人を捕まえることができたら、当然返すよう要求できる。しかし、すでに商品券が使われてしまっていて、たとえば、まったく関係のないお店の人の手に渡っていたらどうであろうか。仮にその商品券が盗まれたものであることが（特殊な印をつけていたなどで）特定できたとして、「それは私のものです。ここについている印はこのハンコで押したものです」などといって取り戻すことができるのだろうか。もしこれができるとしたら、事情を何も知らないお店の人（これを、「善意の第三者」という）にとっては酷である。また、お店の人はこれから商品券を受け取る時に、盗まれたものではないことをいちいち確認しなければならなくなることから、その効果としてあまり望ましくもない（そのような煩雑さを課してしまえば、どのお店も商品券を受け取らなくなるであろう）。そこで、法は、そのような善意の第三者であるお店の人が商品券を安心して受け取れ、盗まれたものであっても返さなくてもよいようにした（民法86条3項、192条）。よって、盗まれた商品券については事実上諦めざるをえない。

　次に、現金はどうであろうか。現金も商品券同様、善意の第三者に渡ってしまったら諦めざるをえないのであろうか。実は、現金は

商品券とは異なった扱いがなされている。というのも、現金は価値そのものであって、占有のあるところに所有があると解されているからである。よって、お店の人は、事情を知らない場合はもちろん、知っていたとしても（これを法的には「悪意」という）、受け取った現金の所有権を取得できるのである。従って、その現金自体は諦めざるをえないであろう。

　これに対して、電子マネーのうち記名式（発行体に名前等の個人情報を知らせて発行してもらう）の場合、これらとは若干異なる扱いがなされているといえる（無記名式は、現金や商品券と同様、残高分すべて使われても諦めざるをえない）。なぜなら、紛失したことを発行体に連絡すれば、当該電子マネーの利用を停止できるからである。利用停止手続が完了すれば（ただこれは連絡してから数日間かかるようである）、その電子マネーは一切使えなくなる。よって、盗んだ者が当該電子マネーを使える時間は現金や商品券より短くなり、リスクは少し軽減されるといいうる（もっとも、この停止手続が完了するまでに使われた分は事実上諦めるしかないのではあるが）。

　クレジットカードは、これらと比較して、盗まれた者をもっとも保護する立場をとっている。なぜなら、クレジットカードは、紛失の連絡をした日から60日前までさかのぼって、その間に不正に利用された（カードの名義人以外の者によって使用された）分は支払わなくてよいという契約（約束）になっているからである。すなわち、クレジットカードが入った財布を盗まれたことをクレジットカード会社に連絡すれば、そこから60日間さかのぼって、それ以降に他人に使われてしまった分の支払が免じられるのである。よって、クレジットカードを盗まれたことに起因する損害を負担しないですむことに

なる。

　では、手形はどうであろうか。財布のなかに手形が入っているということはあまりないかもしれないが、手形要件がすべて記載された手形が会社の金庫から盗まれる、ということがたまにある。そのとき、盗まれた会社は損害を被るのだろうか。

　約束手形がどのように現金化されるかについて、時計の取引を例に、もう1度確認しよう。まず、時計の購入者は、事前に当座預金口座を開設した銀行から入手した「統一手形用紙」に必要事項を記入し、時計の売主に手渡す。たとえば、手形には、満期は3ヶ月後の8月20日、金額は5万円、受取人は時計の売主の名前、場所は購入者が当座預金口座を有している銀行と記載されている。よって、手形を受け取った時計の売主は、満期日までそれを保持し、満期日に記載されている銀行に行って呈示すれば（そして残高があれば）現金化できる。しかし、満期日まで待てず、その前に何らかの取引で支払う等現金が必要な時、約束手形自体を支払手段として自身の別の取引の相手方に渡すこともできる。なぜなら、約束手形は、満期日（ここでは8月20日）に記載されている金額（ここでは5万円）を受け取ることができる権利を表すものであり、この権利は譲ることができるからである。この権利を譲り渡すとき、時計の売主（手形の所持人）は「私はこの5万円を支払ってもらう権利をCさんに譲ります。だから、5万円はその人に払ってください」と記載・署名しなければならない（これを「裏書」という）。「統一手形用紙」には、権利を譲る旨の文言（「表記金額を下記被裏書人またはその指図人へお支払いください」）が印刷されていることから（指図文言）、自分の名前と渡す相手の名前のみを記載して、支払の相手に渡すことになる。

これによって、時計の売主は自身の別の取引における支払として約束手形を譲渡でき、約束手形を受け取った者は、8月20日まで待つか、あるいは他の取引で同様に支払手段として約束手形を譲渡できるのである。

　手形を満期日までもっていても、途中で誰かに譲渡しても、当該約束手形が銀行で現金化されるのは、いくら早くても8月20日（満期日）である。とするならば、先ほどの盗まれた約束手形も満期日前には銀行で支払を受ける（当座預金口座から引き落とされる）ことはできないのであり、その前に支払を止める手続をしてしまえば損害はないとなりそうである。しかし、残念ながら必ずしもそうなるわけではない。なぜなら、手形を満期日に呈示してきた者が盗んだ本人ではなく、善意の第三者かもしれないからである（もし盗んだ本人が呈示してきたら、支払われるべきではないのは当然である）。すでに述べたように、当該手形が盗まれたものであることにつき何も知らない者は保護されなければならない。もし、盗まれた手形はすべて支払われないとされたら、約束手形を受け取る者は、当該手形が盗まれていないかをいちいち調査しなくてはならなくなり、その結果、約束手形は流通しなくなるであろうからである。

　そこで、手形法が用意したのが16条である。同条1項は、「為替手形ノ占有者ガ裏書ノ連続ニ依リ其ノ権利ヲ証明スルトキハ之ヲ適法ノ所持人ト看做ス」、2項では「事由ノ何タルヲ問ハズ為替手形ノ占有ヲ失ヒタル者アル場合ニ於テ所持人ガ前項ノ規定ニ依リ其ノ権利ヲ証明スルトキハ手形ヲ返還スル義務ヲ負フコトナシ」と規定する（ここでは文言上「為替手形」となっているが、「約束手形」に準用される（手形法77条））。まず、2項からみてみると、手形をなくしてし

まったという者がいたとしても、手形を所持している者が、1項の規定によって権利があることを証明するときは手形を返還しなくてよい、と規定されている（善意取得）。では1項の規定で手形の所持人が権利を証明するために何が必要かというと「裏書の連続」である。裏書とは手形を譲渡するときに行う署名であり、たとえば手形がBからC、CからD、DからEと譲渡されて、現在Eが手形を所持しているとき、BはCに対する裏書を、CはDに対する裏書を、DはEに対する裏書をそれぞれしているならば、裏書の連続がある手形といえる。裏書の連続があれば、Eは権利を有している適法の所持人と推定されると解されている。裏書の連続があるかないかを確認するのは容易であることから、「この約束手形は盗まれたものではないよね？」などと心配せずに、受け取ることができるのである。

　もっとも、盗まれたほうからしたら、その手形は違う取引で使おうと思っていたのに盗まれてしまい、その支払を拒めないというのは、納得がいかないかもしれない。しかし、盗まれた者と何も知らずに約束手形を受け取った者とのいずれかが損失を被らなければならないとき、前者にそのリスクを負担させるという判断は不合理とはいえないであろう（盗んだ者が悪いのは明らかだが、その悪者が行方をくらまして責任を問えないことはよくある）。なぜなら、盗まれた者は、多くの場合、会社の金庫でもっと厳重に管理しておくべきであった等の帰責性が見出されると思われるからである。

5　手形を振り出した取引が取り消されたら？

　たとえば、先ほどの時計の売買契約で、指定した時計とは異なる

ものであったことが購入後に判明し、買主が契約を取り消した場合、支払にあてた手形はどうなるのであろうか。もし、時計の売主の手中にあるのであれば、返してもらえばよいし、仮に支払を求めてきたとしても、「あの売買は取り消されたでしょう」といって支払を拒むことができる。しかし、時計の売主を離れて、善意の第三者の手に渡っていたら？　その場合、手形の振出人は「その原因となった時計の売買契約は取り消されたので、支払う義務はないんです」とはいえないことになっている。これを、人的抗弁の切断といい、手形法 17 条で次のように規定されている。「為替手形ニ依リ請求ヲ受ケタル者ハ振出人其ノ他所持人ノ前者ニ対スル人的関係ニ基ク抗弁ヲ以テ所持人ニ対抗スルコトヲ得ズ」。人的抗弁とは、この条文の「人的関係ニ基ク抗弁」のことであり、ここでは、時計の売主と買主との関係に基づく「売買契約は取り消されましたから、当該手形の支払義務は負いません」という時計の買主側の主張のことをいう。この条文は、「手形ニ依リ請求ヲ受ケタル者」、すなわち時計の買主は、「所持人ノ前者ニ対スル人的関係基ク抗弁ヲ以テ所持人ニ対抗スルコトヲ得ズ」、すなわち時計の売主に対する関係での売買契約の取消を所持人に主張して支払を免れることはできない、と規定しているのである。

6　小切手　〜約束手形と比較して

　小切手も、約束手形同様、当座預金口座を有する顧客が銀行から交付される「統一小切手用紙」を使って振り出し、その呈示によって記載金額を銀行が支払うという構造をとっている。ただし、約束手形と大きく異なる点が少なくとも 2 点ある。1 つは持参人払であ

ること、もう1つは一覧払であることである。持参人払とは、小切手を持っている人が支払を受けられるということである。約束手形では、受取人を記載し手形の譲渡には裏書が要求されたが、小切手は裏書の必要はなく、そのまま譲渡すればよい。次に、一覧払とは、呈示したらただちに支払われるということである。よって、満期日は呈示日であり、約束手形のように、支払まで待つ必要はないのである（よって、約束手形のように譲渡されることはほとんどない）。こうした相違はあるものの、基本的構造・考えは約束手形と多くを共有しており、本章での説明の多くは小切手にもそのまま妥当する。

7　まとめ

このように、手形・小切手は、クレジットカード、電子マネー、商品券、デビットカードなどと同様、現金に代わる支払手段であり、その特性に従って制度や仕組みができあがってきたといえる。

わが国では、手形・小切手以外の支払手段が発達したため、特に今日では手形・小切手の役割は限定的である、といわれることがある。しかし、今なお手形は中小企業を中心とした商取引の支払手段として用いられているし、一方、今まさに手形の代替手段ともいえる電子記録債権の利用が本格的に始まるところである。この新しい仕組みを理解するためにも、手形や小切手に関する基本的な理解は今なお重要性を失っていないと思われる。

第 8 章

労働法
社会人（労働者）になるということの法的な意味を学ぶ

【ねらい】労働法は、労働者を守るために存在します。というのも、会社は、各労働者に比して、組織的にも経済的にも能力的にも大きいことがほとんどなので、その優位性を利用しないようにする必要があると考えられているからです。社会人（日常用語としての正社員）になるということは、法的には労働者として会社と約束をするということでもありますから、労働法は社会人にとって強い味方であることになります。そのような労働法について本章では考えます。

1 労働法とは？

（1）当事者の同意した決まりごとと労働法

　労働法とは何か。「労働」に関する法律であることは容易に想像が付くだろう。「労働法」といっても、そういう名前の法律が1つあるわけではなく、労働基準法、労働契約法、労働組合法、最低賃金法、男女雇用機会均等法……などを指す。これらの法律が関係するのは、何も社会人になって「正社員」として働く場合だけではない。「アルバイト」や「パート」で働く場合も労働法のいう「労働」に当たることから、あなたも知らないうちに関わりをもってきたかもしれない。

　あなたが社会人になる（あるいはアルバイトをする）とき、労働契約（法的には、使用者に使用されて労働者が労働し、それに対して賃金を支払う契約（労働契約法6条）という）という契約を必ず会社（使用者という）と結ぶことになる。ここで、あなたは、使用者と、労働に関

する重要な決まりごと（たとえば、どんな労働をどこでするのか、いくらで働き、休みはいつどの程度とれるのかなど）について同意するのである。契約を結んだ以上、あなたと使用者は同意したことについて守る法的義務を負う。法的義務を負うというのは、両者が同意した決まりごとをどちらかが破ったとき（たとえば、同意した時給とは異なる額で給与が計算されていたなど）、もう一方は法的に文句を言えるということを意味する（法的に文句が言えることと、事実上文句が言えることとはどう違うか、少し考えてみてほしい）。

しかし、どんなことでも両当事者が同意したら破られたときに法的に文句が言えるのかというと、そうではない。法律で禁じられる、そもそも同意することが認められない決まりごともある。たとえば、売春に関する労働契約などは民法や売春防止法によって無効である。「無効」とは、相手がその決まりごとを破っても、法的に文句が言えないということを意味する。

労働法の世界においても、労働契約に関して、当事者が同意したはずの決まりごとを無効とする規定がいくつかおかれている。すなわち、いくら当事者がお互いに合意しても認められない決まりごとが、労働契約に関してはいくつかあるということである。たとえば、労働基準法34条は、休憩について、「使用者は、労働時間が6時間を超える場合においては少なくとも45分、8時間を超える場合においては少なくとも1時間の休憩時間を労働時間の途中に与えなければならない」と、6時間を超えて働くときには必ず休憩を取らなければならないことを規定するが、これは、労働者が休憩を望まず使用者も同意した場合にも、強制されてしまう。よって、あなたが使用者と結んだ契約は、労働法のルールに反しない限りで有効になる（破

られたとき法的に文句が言える)という意味で、労働法と密接に関わっているのである。

　労働法は、なぜ当事者がお互いに合意した決まりごとを認めないことがあるのだろうか。それは、労働者保護のためとされている。通常、労働者は使用者より不利な立場におかれており、使用者が道徳的ではない場合には不合理な対応がなされる危険性があるからということである。たとえば、使用者が、いつでも使用者の都合で労働者を解雇できる、といった条項を契約に盛り込んでいた場合に、そんな不当な条項があるなら契約を結ばない、と労働者は言えるだろうか。生活のかかっている労働者のなかには言えない者もいるであろう。そのような労働者を保護しなければならない、との立場を国は採り、使用者にとって著しく有利な条項を排除しようとしたのである。具体的に、労働法は、客観的に合理的な理由を欠き、社会通念上相当であると認められない解雇ややむをえない事由のない解雇を禁じ（労働契約法16条、17条）、さらに労働者を保護するために解雇について、少なくとも30日前の予告か30日分以上の平均賃金の支払を義務付けている（労働基準法20条）。このように、労働法は、使用者のもつ、労働者の生活に重大な影響を及ぼしてしまう権限が濫用（正当な事由なく行使）されないように手当しているのである。

コラム 16 ● 無効になった契約はどうなるの？

　労働基準法34条の規定に違反して休憩時間をとらない合意は、労働法に反して無効とされることは述べた（より正確にいえば、労働

基準法 13 条前段(「この法律で定める基準に達しない労働条件を定める労働契約は、その部分については無効とする」)によって無効とされ、これを「強行的効力」という)。では、無効になった結果、その契約はどうなるのであろうか。当該労働契約全体がなかったことになるのであろうか。これについては、労働基準法 13 条後段が規定している。すなわち、「無効となった部分は、この法律で定める基準による」であるから、労働時間 7 時間の労働者であれば、同 34 条 1 項で定める基準、すなわち「45 分」の休憩時間が当該契約の内容に(当事者の意思とはまったく無関係に)なるのである(これを「直律的効力」という)。

(2) 決まりごとの形式とそのルール

労働に関するルールの多くは、使用者と労働者が個別に合意した決まりごと、すなわち労働契約で決まる。しかし、同契約書に労働条件などが細かく網羅的に記載されているわけではない。むしろそういったルールは、就業規則という形で定められていることが多い。就業規則とは、常時 10 人以上の労働者を使用する使用者が労働基準法 89 条の規定により作成し、所轄の労働基準監督署長に届け出なければならないものであるが、この作成義務がない使用者においても半数近くで作成されているようであるし、事実上労働条件を決める重要な文書として位置付けられている。

就業規則の内容であるが、厚生労働省から出されているモデル就業規則(以下、単に「モデル就業規則」という)をみると、非常に広範囲に規定していることがわかる。就業規則の意義からはじまって、採用・異動・休職や遅刻・欠勤等の手続、従業員の一般的遵守事項、労働時間・休憩・休暇、賃金(基本給および割増賃金や手当)、定年・

退職・解雇、安全衛生および災害補償、職業訓練、そして表彰および制裁について詳細に労働に関するルールを提示している。

ほかに労働条件を規定するものとして、労働協約がある。これは、労働組合と使用者との間で締結された労働条件などに関する合意である。この合意は、労働法に反しない限りにおいて、原則として個別の労働契約や就業規則に優位する（労働組合法16条、労働基準法92条1項、労働契約法13条）。

では、もし就業規則と労働契約が別の定めをした場合、どちらが優先するだろうか。それは、労働契約が就業規則の労働条件を上回るか下回るかによって異なる扱いがなされている。すなわち、労働契約の労働条件が上回る場合には就業規則に優位するが、下回る場合には就業規則に劣位し、その基準に達しない部分は無効となる（労働契約法12条）。よって、「時給1,000円」という労働契約を結んでいたとして、就業規則に「時給800円」と書かれていたら「時給1,000円」として給与が計算されるが、就業規則に「時給1,200円」と書かれていたら、「時給1,200円」で計算されるということである。これに対して、労働協約で「時給1,000円」とされた場合には、労働契約上「時給1,200円」だったとしても、「時給1,000円」という契約内容になってしまうのである。

2　決まりごとに関する時期・内容について

これまで、労働に関する基本的なルールは、労働者と使用者の間で同意された決まりごとによって大方決められること、この決まりごとは、当事者があらかじめ同意したのだから、それをどちらかが破ったときには法的に文句が言えること、しかし労働法に反するこ

とは決まりごととしては無効であることを述べてきた。これを言い換えれば、労働法に反しない範囲という限定付きで、当事者は互いがあらかじめ同意した内容を守らないとき、法的手段を使うことができる、ということになる。これは、簡単なようで実は簡単ではない。なぜなら、いつ決まりごとが成立したといえるのか、それをいつから守らなければならないのか（それを守る法的義務がいつ生じるのか）について問題となるうえに、決まりごとは細かいことまで定めていないから（これを事前に定めるとなると、生じうるあらゆる事態を想定しなければならないことから大変である）、何か問題が起きたときそれが決まりごとで同意した内容に含まれるか否か自体が争われることになるからである。私たちの身の回りで起きている労働に関する問題は、このいずれかに帰着すると思われる。

そこで、以下、これら2つの視点から労働に関する問題を考えてみたいと思う。

（1）決まりごとの成立時期

まず、決まりごとが成立すればそれに反している場合に文句が言えるということは、成立していなければ文句が言えないということである（当然のことだが重要である）。

①採用前

これが問題となるのは採用時である。採用時、すなわち、採用するか否かを使用者が決める段階では、まだ「決まりごと」は成立していない。よって、使用者の採用の自由をしばる「決まりごと」は存在しない。では、使用者は誰をどのような条件で採用するかについて完全に自由かというと、必ずしもそうではない。確かに、最高

裁は、使用者が原則として採用の自由を有することを認めているが、法律その他による特別の制限がない限り、という限定をつけている（三菱樹脂事件。最大判昭和48年12月12日民集27巻11号1536頁）。したがって、法律等に違反した形での採用はできないということになる。法律による制限として、たとえば、募集・採用における性別による差別を禁ずる男女雇用機会均等法5条、年齢制限を禁ずる雇用対策法10条、そして、障害による差別を制限しようとする障害者基本法や障害者雇用促進法が挙げられる。

②採用内定

　決まりごとの成立時期がより問題となるのは、使用者がいったん採用するとした後でその撤回を申し出てきたときである。いわゆる「内定切り」である。通常、社会人としてある年の4月から働き始めるとき、その数ヶ月前に会社から採用の内定をもらうことになるが（何をもって採用内定といえるかは解釈によって異なろうが、たとえば、前年の秋頃に開かれる内定式での内定通知の交付を考える）、その後4月になるまでの間に、その内定が取り消された場合、内定切りを言い渡された者は、会社に文句を言えるのだろうか。

　この問題は、採用内定を「決まりごと」の成立との関係でどう捉えるかに帰着する。もし採用内定の時点で、使用者と採用内定者との間で「決まりごと」（翌年4月からの労働契約）が成立したと考えるのであれば、内定取消は「決まりごと」の違反（労働契約の解約）に当たると言え、内定者は法的に文句を言えることになる。しかし、もし「決まりごと」がまだ成立していないとするなら、撤回も自由となってしまう。あるいは、採用内定で「決まりごと」を将来締結するという予約契約が結ばれたと考えれば、その予約契約違反で訴

えることもできそうである。

　この点、判例は、一般的な大学生の新卒採用の内定について、大学卒業直後を「就労の始期」とし、それまでの間は一定の内定取消事由に基づく「解約権を留保した労働契約」が成立したもの（始期付解約権留保付労働契約）とした（大日本印刷事件。最判昭和54年7月20日民集33巻5号582頁）。すなわち、裁判所では、採用内定で労働契約は成立しているとして、契約としての法的拘束力を一定の範囲で認めたうえで、使用者が一方的に内定を取り消すことは労働契約の解約、すなわち解雇に当たり、解雇同様、違法な内定取消は法的には無効となる、との立場がとられたのである。言い換えれば、採用内定が出されたときに「決まりごと」は成立しており、採用内定者は一定の限度で保護を受けられる、とされたのである。

　では、使用者はどのような場合に内定取消ができるかというと、判例は次のように述べる。「採用内定当時知ることができず、また知ることが期待できないような事実であって、これを理由として採用内定を取消すことが解約権留保の趣旨、目的に照らして客観的に合理的と認められ社会通念上相当として是認することができるもの」がある場合にのみ内定を取り消しうる（前掲大日本印刷事件）。具体的には、内定者が虚偽の申告をしていたこと、成績不良などによって卒業できなかったこと、健康状態が著しく悪化したことなどの場合には、内定取消が認められると思われる。

　なお、採用内定を受けた者がこれを辞退する場合は、どう考えられるのであろうか。実は、労働者による労働契約の解約は、使用者よりはるかに緩く認められ、2週間前に申し入れるだけでよい（民法627条1項）。もっとも、もし内定の辞退によって会社に損害が発

生したことが立証されれば、法的責任を負わせられることにはなるが（民法709条、415条）……。

（2）決まりごとの定める内容

労働者と使用者がお互い合意して労働契約を締結するといっても、その内容は、それほど細かく定められているわけではない。よって、労働者が予想していなかった指示・命令が出されたときに拒否できるのか、拒否した場合には（決まりごとを破ったとして）何らかの不利益を被りうるのかが問題となる。

①試用期間

試用期間とは、入社後「本採用」される前の、その者の能力や従業員としての適格性を評価する一定期間をいう。この期間中の者に対しては、開始後14日経過前であれば即時に解雇することができるほか（労働基準法21条）、その後であっても、多くの会社で「本採用」後とは区別された理由で解雇できる旨の規定がおかれている（たとえば、モデル就業規則では「従業員として不適格」とされた場合に解雇できる旨の規定がある）。では、もし試用期間が終わった時に従業員として「不適切」ゆえ「本採用」が拒否されたら、労働者は使用者に対して文句が言えるのであろうか。

この点、最高裁は、試用期間を「解約権留保付労働契約」が成立している状態と捉えており、本採用の拒否は、通常の解雇よりも広い範囲で認められるとしつつ、「解約権留保の趣旨、目的に照らして、客観的に合理的な理由が存し社会通念上相当として是認されうる場合にのみ許される」としている（前掲（1）①三菱樹脂事件）。すなわち、正社員を解雇する場合よりは緩い基準で本採用を拒否できる

が、それなりの理由が必要である、とされたのである。よって、「不適格」で解雇するとしても、「客観的に合理的な理由が存し社会通念上相当として是認され」るものでなければならない、という制限がかけられていることになる。

②配転・出向

配転とは、職務内容や勤務場所の一定期間以上の変更をいい、一般的に言われる「転勤」もこれに含まれる。日本の会社は定期的にこれを行っているところが多く、就業規則でもその旨の規定がある（たとえば、モデル就業規則では「人事異動」として、会社は「業務上必要がある場合に」場所および業務の変更を命じることがあること、および従業員は正当な理由なくこれを拒めないことを規定する）。これを命じられた者が同意すれば何の問題もない。しかし、もし同意を拒否する場合、労働契約上同意しているとして、会社は強制的に配転を命じることができるであろうか。

最高裁は、配転命令について、労働契約上有効に根拠づけられ、かつ当該命令が使用者の権利濫用に当たらないものであることが要求されるとしている（東亜ペイント事件。最判昭和61年7月14日判時1198号149頁）。まず、契約上の根拠であるが、たとえば、就業規則に「業務上必要がある場合に配転を命じることができる」というような規定があれば、いわゆる総合職で入社した労働者に対する配転命令権は基礎付けられよう。なぜなら配転は、当該労働者にさまざまな経験を広くさせることにより能力・技術を総合的に向上させるとの趣旨から「業務上必要がある」といえると考えられるからである。これに対して、職種や勤務地が明示的に（あるいは黙示的な場合においても）特定されている場合には、使用者は当該就業規則の規

定をもって労働者にその内容の変更を伴う配転を強制することはできないと解される。

次に、権利濫用であるが、具体的には、配転命令に業務上の必要性が存在しない場合、配転命令が不当な動機・目的をもってなされた場合、そして労働者に通常甘受すべき程度を著しく超える不利益を負わせるものである場合などがこれに該当するとされている（前掲東亜ペイント事件）。

また、配転以外に、出向という制度がある。出向とは、出向元会社に従業員としての籍をおきながら、出向先会社でその指揮監督に従って就労する制度である。これは、出向元会社が労働者に対する権利（労務提供請求権）を出向先会社に譲り渡すことを意味するから、労働者の承諾が要求されると解されている。この「労働者の承諾」について、最高裁は、就業規則や労働協約に命令権を根拠付ける規定があり、出向者の利益に配慮した出向規定が設けられているのなら、当該出向者の個別的同意は必要ないとの立場をとっている（新日本製鐵（日鐵運輸第2）事件。最判平成15年4月18日判時1826号158頁）。すなわち、就業規則に「業務上必要がある場合に出向を命じることができる」といった一般的規定があって、出向に関する労働条件が出向者にとって合理的な範囲で整っているといえるのであれば、出向を強制できるということである。もちろんこの場合でも、使用者は当該命令権を濫用してはならない。この点は配転と同様である。

③懲戒処分

懲戒処分とは、労働者が企業秩序（判例では、企業が「その存立を維持し目的たる事業の円滑な運営を図るため、それを構成する人的要素及

びその所有し管理する物的施設の両者を総合し合理的・合目的的に配備組織して」定立するものとされている（国鉄札幌運転区事件。最判昭和54年10月30日民集33巻6号647頁））を乱す行為を行った場合などに、制裁として科されるものである。使用者は通常労働者を30日前の解雇の予告をもって解雇することができるが、懲戒は予告期間を設けずに即時に解雇できるとされている。

懲戒の種類と懲戒の事由については、就業規則に細かい規定が置かれている（フジ興産事件。最判平成15年10月10日判時1840号144頁）で、使用者が労働者を懲戒するためには、これらが定められている必要があるとされている）。懲戒の種類は、会社によって異なろうが、一般的には、けん責、減給、出勤停止、降格、諭旨解雇、懲戒解雇などである。懲戒の事由は経歴詐称、業務命令違反、職場規律違反、職務懈怠、私生活上の非行などである。

懲戒処分が権利の濫用に該当してはならないのは、配転・出向の場合と同じである。労働契約法15条で、使用者による懲戒権の行使は、当該懲戒に係る労働者の行為の性質および態様その他の事情に照らして、客観的に合理的な理由を欠き、社会通念上相当であると認められない場合には、権利の濫用として無効となると規定されている（同旨、ダイハツ工業事件。最判昭和58年9月16日判時1093号135頁）。

④解雇

解雇とは、使用者による労働契約の解約である。これについては、期間の定めのない労働契約と定めのある労働契約で扱いが異なる。

ⅰ）期間の定めのない労働契約　　民法上、期間の定めがない場合、労働契約の解約は「2週間」という時間を経て自由に行うことが

できる。よって、労働者からの労働契約の解約（これは「解雇」ではなく「辞職」という）は「2週間」前に申し出ればよい。しかし、使用者による労働契約の解約（解雇）はそうはいかない。労働者を保護する観点から、労働法は、労働者を解雇しようとする使用者に対して、原則として30日前に予告するか、あるいは30日分以上の平均賃金を支払わなければならないとしている。労働契約の解約に、民法上は「2週間」要求していたものを、30日間に延ばしたということである。

これ以外にも、使用者による解雇は、さまざまな制限が課せられている。たとえば、差別的な解雇の禁止や法律上認められた権利行使を理由とした解雇の禁止のほか、判例によって解雇権濫用法理が述べられてきたことを忘れてはならない。具体的に、最高裁は、「使用者の解雇権の行使も、それが客観的に合理的な理由を欠き社会通念上相当として是認することができない場合には、権利の濫用として無効になる」と判示した（日本食塩製造事件。最判昭和50年4月25日民集29巻4号456頁）。この法理は、平成15 (2003) 年の労働基準法改正で明文化され、その後、労働契約法16条として規定されるに至る。この客観的合理性と社会的相当性の要件は厳格に解されており、満たすことは容易ではないとされている。

なお、解雇が無効とされれば、当該労働者は会社に戻ることができる。当然と思えるかもしれないが、決して当たり前のことではない。外国では、違法な解雇でも私法上は有効であり損害賠償で解決するという制度をとっている国もあるからである。

ⅱ）期間の定めのある労働契約　　期間の定めのある雇用契約の期間満了前の解約には、やむをえない事由が要求されてきた（使用

者による解雇については労働契約法17条1項に、労働者による辞職については民法628条の反対解釈によって)。

　また、期間満了後も契約を更新するか否かについてはまったくの当事者の自由、というわけでもない（実際更新しなかったらいわゆる「契約切り」として問題となったのは記憶に新しい）。なぜなら、この更新の自由（更新しない自由）は以下の2つによって制限されているからである。1つは、契約が形式的に期間の定めのある形をとっていたとしても実質的に期間の定めのない契約と異ならない場合（たとえば、何度もしかも大した手続もなく契約が更新され正社員同様に働いている場合など）、更新しないことは事実上解雇を意味するとして解雇権濫用法理などが類推適用され、契約の更新拒否にも客観的・合理的で社会通念上相当な理由が必要とされていることである。もう1つは、実質的に期間の定めのない契約と異ならない状態で契約が存在していたとはいえなくても、当該労働者が雇用の継続について期待することにつき合理性があると認められる場合にも、同様に解雇に関する法理が類推適用されるとされていることである。これらの制限は、実際の裁判例で、広範囲にわたって適用されるに至っている。ただし、いくら解雇の法理が類推されるといっても、期間の定めのある契約を締結している労働者（有期雇用）の雇用は、正社員ほどは保護されない。

3　決まりごとが破られたと思ったら？

　労働者と使用者の間で同意された決まりごとが破られたと思ったとき、たとえば、雇止めにあった、出向を命じられて断ったら給料を下げられた、などの不利益を労働者が受けたとき、誰に相談すれ

ばよいのだろうか。もちろん弁護士を利用するのは1つの方法であるが、労働法の分野では、行政がそういった労働者と使用者の間の労働条件や職場環境などに関する紛争の自主的解決を促すための相談窓口を設けている（個別労働紛争解決促進制度）。そこでは、都道府県の労働局長による専門的助言が受けられたり、紛争調整委員会によるあっせん手続（第三者が紛争当事者の間に入って、双方の主張を聞き事件が解決されるように努力する）が利用できる。この制度の利用者数は年々増えており（**図1**参照）、その内容として、「解雇」「労働条件の引下げ」は減少傾向に、「いじめ・嫌がらせ」、「退職推奨」などが上昇傾向にある（**図2**参照）。この制度は、あくまでも紛争を自主的に解決しようとするものであり、法的な手続とは異なる。法的手段に訴える場合には、労働審判制度が用意されている。

図1　助言・指導申出件数およびあっせん申請受理件数の推移

年度	助言・指導申出件数	あっせん申請受理件数
平成15年度	4,377	5,352
16年度	5,287	6,014
17年度	6,369	6,888
18年度	5,761	6,924
19年度	6,652	7,146
20年度	7,592	8,457
21年度	7,778	7,821
22年度	7,692	6,390
23年度	9,590	6,510

参考：厚生労働省資料

図2 助言指導申出件数の内訳

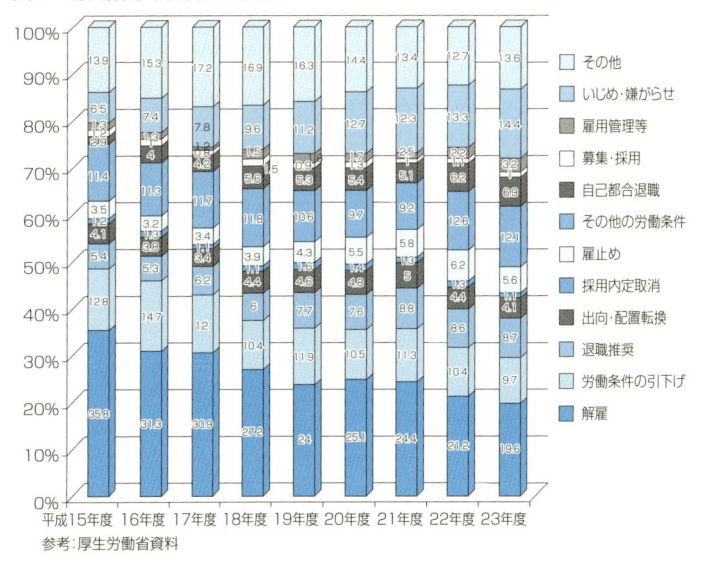

	平成15年度	16年度	17年度	18年度	19年度	20年度	21年度	22年度	23年度
その他	13.9	15.3	17.2	16.9	16.3	14.4	13.4	12.7	13.6
いじめ・嫌がらせ	6.5	7.4	7.8	9.6	11.2	12.7	12.3	13.3	14.4
雇用管理等	3.9	4.3	4.2	1.5	1.5	1.3	2.5	2.2	4.2
募集・採用	1.2	1.3	3.4	5.6	0.9	1.3	5.4	6.2	6.9
自己都合退職	11.4	11.3	11.7	11.8	5.3	5.4	6.1	12.6	12.1
その他の労働条件	3.5	3.2	3.4	3.9	10.6	9.7	9.2	—	—
雇止め	4.1	3.8	3.4	4.4	4.3	5.5	5.8	6.2	5.6
採用内定取消	5.4	6.3	6.2	—	1.6	1.4	1.3	4.4	4.1
出向・配置転換	12.8	14.7	12	8	7.7	7.6	8.8	8.6	8.7
退職推奨	—	—	—	10.4	11.9	10.5	11.3	10.4	9.7
労働条件の引下げ	—	—	—	—	—	—	—	—	—
解雇	35.8	31.3	30.9	27.2	24	25.1	24.4	21.2	19.6

参考：厚生労働省資料

3　決まりごとが破られたと思ったら？

第 9 章
社会保障法
国によって運営される年金制度や医療保険について学ぶ

【ねらい】社会人になると、自分で意識的に契約した覚えのない「保険」や「年金」といった「社会保険」名目でお金を支払っていること（給料から控除されていること）に気付くかもしれません。これらは、国が経済的に困っている人を助ける、あるいは経済的に困らないようにすることを目的として用意した制度（これを社会保障制度といいます）として、強制的に徴収されるものです。では、この「保険」や「年金」とはどのようなものでしょうか。それを支払う結果として、どのような場合に国から援助を受けられるのでしょうか。それらを定めた社会保障法をここでは考えます。

1 社会保障とは？
（1）救われるべき？ 救われるべきではない？

たとえば、経済的に困っている人たちが 4 人いるとしよう。この人たちは困っているが、周りに助けてくれる人がいない。もしあなたにこの人たちを救うに足る十分なお金があったなら、どの人を救済しようと思うであろうか。

①不況で解雇されてから長期間職を得られず、貯金は底をつき、毎日の生活に困っている A さん。

②65 歳で会社を定年退職して、これまで生活費のためにしてきた借金返済のために退職金をほぼすべて使い果たし、貯金もない B さん。

③全財産をギャンブルにつぎ込んで無一文になった C さん。

④交通事故で足に怪我をして病院に行き手術が必要と言われた

が、お金がないため手術が受けられないDさん。

救われるべきと思うのは、A、B、C、Dさんのいずれであろうか。全員であろうか。あるいはどの人も救われるべきではないと思うであろうか。

救われるべきではないという立場の背後には、自分で備えておくべきであった、という厳しい考えがありそうである。生活に困窮するリスクに備えて自分で貯金をしておくべきだった、自分で保険に入っておくべきであった、それを怠ったのは自分の責任である、といったものである。これに対して、(A、B、C、Dさんのいずれでも)救われるべきという立場の背後には、備える余裕がなかったのかもしれないのだから備えていなかったこと自体それほど非難されなくてもよい、生活に困ることは誰にでも起こりうることだ、という考えがあると思われる。また、生活困窮者が増加すると公衆衛生に悪影響が出る、または犯罪等の危険が増え治安の悪化が懸念されることからある程度の救済の枠組みは必要である、という考えもあるといえよう。

(2) 救われるべきとの立場から 〜国による社会保障制度

これについて、日本を含めた先進諸国は、特に20世紀以降、後者の立場をとって、社会保障制度を発展させてきた(もっとも、何を社会保障制度に含めるかは各国にばらつきがあり、あくまでも所得保障を中核に据える国(米国、英国など)もあれば、医療や福祉等も含める国(フランス、ドイツなど)もある)。社会保障制度とは、「主たる家計維持者の疾病、障害、失業、老齢、死亡、要介護などによって援助を必要とする者に対して、国が一定水準の生活を保障しようとする制度」

であるとか、「人の尊厳および自立と社会参加の機会を保障し、それを通じて社会・経済の安定を図ろうとする制度」と説明される。要するに、ある要件を満たした困窮する者に対して救済を与えることで、その者の自立を促し社会を安定させる、ということである。ここで留意してほしいのは、それを行うのが「国」という点である。国は巨大な権限を有しており、それ以外の者（私人または民間）にはできないことを強制的に行うことができる。すなわち、国民からその財源としての資金を（その意思に反してでも）強制的に徴収し、制度を創設・維持することができるのである（社会人になって給与明細をみると、身に覚えのない「社会保険」名目で相当な金額が控除されていることに気付くかも知れないが、それは、（あなたの同意の有無にかかわりなく）国が強制的に徴収できると定めたからなのである）。

　社会保障制度の財源を集める方法としては、社会保険方式と税方式の2つが存在する。「社会保険方式」とは、加入者（被保険者）が将来のリスクに備えてあらかじめ保険料を拠出し、そのリスクが起きた時に、拠出の対価として給付を受けるというものである。民間（国ではない主体）でも、同じような仕組みが採られている保険が販売されている。しかし、国による保険には、民間による制度なら当然存在する2つの自由がない。1つは保険に加入するか否かの自由、もう1つはどのような保障を受けるかを決める自由（およびいくら支払うのかを決める自由）である。すなわち、民間の保険は、保障を望む人が自分に合った保障を提供する商品を選んでお金を支払い、リスクが現実となった時に給付を得るというものであるのに対し、国による「社会保険」は、加入者になるか否かは年齢等の形式的要件で決められ、望まなくても当該要件さえ満たせば加入を強制され、

その保障内容や保険料も国によって定められるといったものなのである。

これに対して、税方式とは、その名の表すとおり財源として税が使われるものである。たとえば、自己の資産、能力を活用してもなお生活できない者（この判断は、個別の資力調査によって行われる）に対する最低生活（national minimum）の保障は税金によって行われている。税金としてとられることから、その財源を負担している意識はうすいかもしれないが、「困窮しているといっても、私にとっては知らない人だから、そんな人のために支払いたくない」とか「私はこの保障を受けるようなことにはならないし、なったとしても受けたくないから、支払わない」とか言っている人からもしっかり徴収されているのである。

このような強制的な負担が法的に可能なのか、誰しも一度は疑問に思うであろう。実際、国民健康保険料の強制的徴収が憲法29条の財産権に違反するのではないかと争われたことがある。これについて、社会保障制度を基礎付ける憲法25条の「生存権」（1項は、「すべて国民は、健康で文化的な最低限度の生活を営む権利を有する」と規定し、2項は「国は、すべての生活部面について、社会福祉、社会保障及び公衆衛生の向上及び増進に努めなければならない」として「国の国民生活向上義務」を定めている）が存在するものの、最高裁は当該条項を具体的権利を定めたものとは解さずプログラム規定と捉えており（朝日訴訟。最大判昭和42年5月24日民集21巻5号1043頁。**コラム** 17 参照）、当該条項を保険料強制徴収の請求の基礎とするには弱いといわざるをえない。とはいっても、社会保険の強制的徴収に対して違憲判断が出たことはいまだかつてない。

なお、社会保険方式と税方式の大きな相違点として、給付を受ける者がその対価としてあらかじめ金銭を拠出していたことが要求されるか（社会保険方式）、されないか（税方式）、給付が定形的に行われるか（社会保険方式）、個別のニーズに応じて行われるか（税方式）、および事前予防的か（社会保険方式）、事後救済的か（税方式）などが挙げられる。

コラム 17 ● 朝日訴訟

憲法25条1項で規定する生存権が争われた事例として有名なものに、朝日訴訟がある。これは、長期結核療養患者として入院していた朝日茂氏が、生活扶助（入院患者日用品費月額600円）と医療扶助の給付を受けていたところ、実兄から1,500円の仕送りを受けるようになったことを受け、仕送りが収入認定され、保護減額処分等が行われたという事案である。ここでの争点は、生活保護法の保護内容に関する基準の設定について厚生大臣の判断に裁量が認められるかであり、第1審は、健康で文化的な最低限度の生活水準が「人間としての生活の最低限度という一線を有する以上理論的には特定の国における特定の時点においては一応客観的に決定すべきものであり、またしうるものである」と述べ、裁量を否定した。

これに対して、最高裁は、憲法25条について、「すべての国民が健康で文化的な最低限度の生活を営み得るように国政を運営すべきことを国の責務として宣言したにとどまり、直接個々の国民に対して具体的権利を賦与したものではない。具体的権利としては、憲法の規定の趣旨を実現するために制定された生活保護法によって、はじめて与えられているというべきである」と述べ、現実の生活条件を無視して著しく低い水準を設定する等、裁量権を逸脱または濫用

した場合にのみ違法となると判示し、広範な裁量を認めた。最高裁が、保護基準の設定において一部の国民感情、国の財政状態や予算配分の事情等の生活外要素を考慮できるとした点について、批判が多い。

2 日本における社会保障制度の具体的内容

日本においては、主に社会保険と公的扶助が存在する（社会福祉も存在するがここでは割愛する）。以下、みてみよう。

(1) 社会保険

わが国の社会保険には、医療保険、介護保険、年金保険、労災保険、雇用保険がある。

①医療保険

わが国では、昭和36（1961）年に国民皆保険体制が確立しており、医療サービスが国民全体に行き渡るような仕組みがとられてきている。具体的には、民間企業に勤める者や公務員とその家族を対象とする被用者保険（職域保険）と、それには加入しない自営業者・農林水産業者・無職の者を対象とする国民健康保険（地域保険）が存在する。前者の例として、大企業の被用者を主な対象とする組合管掌健康保険（組合健保）、中小企業の被用者を対象とする全国健康保険協会管掌健康保険（協会けんぽ）、国家公務員および公共事業体の被用者が加入する国家公務員共済組合等が、後者の例として市町村が保険者となる国民健康保険が挙げられる。

この保険の給付は、被保険者が病院・診療所など地方厚生局長か

ら指定を受けた保険医療機関で一部負担金（原則として医療費の3割）を支払って保険診療の提供を受けるという方法で行われる（保険医は残りの診療報酬を社会保険診療報酬支払基金等、健康保険組合や市町村といった保険者から委託を受けた機関に対して請求して受け取る）。

医療保険の財源は、被用者保険の場合は、原則事業主と被保険者が支払う保険料、国民健康保険の場合は公費と保険料（保険税）である。保険料には、扶養家族の有無や人数、被保険者の既往症が反映しないようになっている。すなわち、独身でも扶養家族が10人いても、所得が同じであれば保険料は変わらないし、深刻な持病もちであっても考慮されないのである。この点も、民間の保険と異なる興味深いところである。

②介護保険

介護保険は、平成9（1997）年12月に成立し、平成12（2000）年4月から施行された「介護保険法」によって創設された制度である。40歳以上の者が被保険者として保険料を納付し、被保険者のうち市町村から要介護状態または要支援状態にあると認定を受けた者に、費用の1割で都道府県知事または市町村長によって指定されたサービス提供機関から介護支援サービスが受けられるという仕組みになっている。財源は保険料（50%）と公費（50%）であり、被保険者本人が負担する1割を除いた費用の9割部分はそこから支払われる。介護支援サービスには、予防給付のサービスと介護給付のサービスがあり、また、それぞれに都道府県が指定・監督を行うもの（広域型サービス）と市町村が行うもの（地域密着型サービス）がある。

③年金保険

年金保険とは、老齢、障害および（被保険者の）死亡を保険事故と

して、一定の要件を満たす場合に、保険料の拠出に応じた年金給付が行われる制度である。それぞれ老齢年金、障害年金、遺族年金が支給される。

わが国の年金制度は、2層構造をなしている。1層部分は20歳以上のすべての者を対象とする基礎年金、2層部分は民間企業の被用者を主な対象とする厚生年金、公務員等を対象とする共済年金である。よって民間企業の被用者には基礎年金に加えて厚生年金が、公務員等には基礎年金に加えて共済年金が、支給されることになる。前者は国民年金法で、後者は厚生年金保険法や国家公務員共済組合法などで規定されている。

国民年金法7条は、これら被保険者につき3つの類型——第1号被保険者、第2号および第3号被保険者——を設けている。第2号被保険者とは民間企業の従業員または公務員等であり、第3号被保険者とは第2号被保険者の配偶者であって、主としてその者の収入により生計を維持する20歳以上60歳未満の者である。これに対して、第1号被保険者とは、日本国内に住所を有する20歳以上60歳未満の者であって、第2号、第3号被保険者のいずれでもない者である。すなわち、民間の会社の被用者でも公務員等でもなく、その配偶者でもない者である。

この保険の財源は、被保険者からの保険料と国庫負担である。国庫負担率はかつて3分の1であったが、平成16（2004）年改正で平成21（2009）年までに2分の1に引き上げられることが法律で義務化された。国庫負担を増やすことで、被保険者の負担を減らそうというわけである。保険料は、第2号被保険者、第3号被保険者については少し特殊である。前者は、事業主と折半で保険料を納付する

2　日本における社会保障制度の具体的内容………143

こととなっており、第3号被保険者の保険料は第2号被保険者の加入する年金保険が負担することになっている。

他方、第1号被保険者については、保険料を納めない未納者や国民年金への加入手続すら行わない未加入者が増加していることが問題となっている（平成19（2007）年度末現在第1号被保険者の4割が未納者・未加入者・免除者といわれている）。未納者・未加入者の数を減らすべく、さまざまな試みが講じられているが、それほど効果は上がっていないようである（大学生などについては、学生納付特例制度が用意され保険料の支払猶予を受けることができる（国民年金法90条）が、あまり利用されていないようである）。

厚生年金および共済年金に加えて、企業が独自に行う企業年金という制度も存在する。これは、公的年金を補完することを目的としており、掛金は企業が全額負担するところが多い。企業年金は、将来の年金給付額をあらかじめ定めておく確定給付年金として発展してきたが、近年、厳しい経済状況を背景に、確定拠出年金を導入する企業が目立つようになった。確定給付年金でも、多くの企業年金で給付水準が引き下げられたため、その有効性を争う訴訟（いわゆる年金減額訴訟）が相次いで起こされている。

④労働者災害補償保険（労災保険）

労災保険とは、労働者が業務上の事由または通勤によって「負傷、疾病、障害又は死亡」した場合（以下、それぞれ業務災害、通勤災害という）等に、労働者およびその遺族に対して、療養・休業・傷病・障害・介護・遺族・葬祭料等について補償をするというものである。この保険は、産業革命以降の工業の発展を背景に、労働者の生命身体に対する危険性が増大したことから、主に西欧諸国で発展した。

その目的は、労働者家庭の生計維持と被災労働者の労働能力の回復であり、わが国では、災害補償責任（無過失責任）を使用者に課す労働基準法と、政府を保険者、使用者を加入者とする強制保険制度を規定する労働者災害補償保険法（労災法）の制定（昭和22（1947）年）により、創設された。財源は保険料であり、これは、他の社会保険とは異なって事業主のみが負担する。

労災保険の給付を受けるためには、当該事故が業務上もしくは通勤途上に発生したといえる必要がある。法は、「業務」が何を意味するかについて条文を設けていない（通勤については、労働者が就業に関して「合理的な経路及び方法により」行うものでなければならないとの規定がある（労災法7条2項））ため、何が「業務」災害に該当するかについては法解釈に委ねられているが、当該傷病と業務との間に一定の因果関係が存在すれば（業務起因性）、「業務」と災害の関係を肯定できるとされている。そのためには、被災労働者が事業主の支配下で職務に従事していたこと（業務遂行性）が必要とされており、この業務遂行性の有無が問題となるのは、就業時間中でも休憩時間中の事故、出張中の事故、会社主催の運動競技会や宴会中の事故など、事故が起きた時間・場所の点から労働者が業務に従事していたといえるかが問題となる場合である。これらの場合について、使用者からの業務命令がある等の事情があれば業務遂行性が認められる一方で、労働者が業務に従事している時間でも同僚と喧嘩をして死亡した等の場合には否定された例がある。

また、災害（事故）を媒介としない疾病の場合でも、業務起因性があれば、保険給付を受けることができる。もっとも、長時間労働などの過酷な労働条件のもと、疲労やストレスが蓄積し死に至ると

いった過労死が業務に起因するかの認定は難しい。そこで、具体的な認定基準として、一定の残業時間を超えるような労働実態があった場合には業務と発症との関連性を疑うべし、というような客観的指標を設けることとされている。いわゆる過労自殺についても同様の問題があり、認定のための客観的な基準が採用されている。

⑤雇用保険

雇用保険とは、「失業」した者に対する失業時の生活保障のための給付（求職者給付）や、労働者の能力を開発させ雇用の安定を図るための給付（教育訓練給付）等がなされる仕組みである。この被保険者は、適用事業に雇用される「労働者」であるが（雇用保険法4条1項）、週所定労働時間が20時間未満の労働者や65歳に達した日以後に雇用された者などは除外される（同6条）。具体的に、「労働者」に当たるか否かは、業務依頼に対する諾否の自由があるか、業務遂行に指揮監督がどの程度なされるのか、業務遂行時間・場所は決まっているか、報酬の性質はどのようなものか等によって判断される。この財源は、被保険者と事業者が負担する保険料と国庫である。

雇用保険給付のうち中心にあるものは、「失業」時に給付される基本手当である。「失業」とは、「被保険者が離職し、労働の意思及び能力を有するにもかかわらず、職業に就くことができない状態にあること」をいう（雇用保険法4条3項）。すなわち、単に事実として職を失っているだけでは給付を受けられず、労働の意思（この有無はその者の具体的行動で判断されるため、たとえば公共職業安定所で特別な理由なく紹介した職業に就くことを拒んだ場合にはこれがないと判断される場合がある）も労働能力もあることが求められるのである。また、この給付を受けるためには、離職の日以前2年間に被保険者期間が

通算して12ヶ月以上あること（同13条）等も原則として必要である。基本手当の日額は、賃金日額（被保険者期間として算定された最後の6ヶ月に支払われた賃金総額を180で除した額）に、賃金日額に応じて定められる割合を乗じて算定される（同16条、17条）。この支給を受けられる期間は、原則として離職の日の翌日から起算して1年間である。

また、雇用保険には、失業時の所得保障以外にも、労働者の労働能力の向上等によって雇用の安定を図る観点から、教育訓練給付金等も用意されている。これは、厚生労働大臣の指定する教育訓練を受けて修了した場合に、その費用の20％（上限10万円）が支給される制度である（雇用保険法60条の2）。

（2）公的扶助

公的扶助は、これまで述べてきた社会保険制度のように、被保険者が将来の偶発的な事故に備えて保険料を支払い、その事故が起きたときに、拠出の対価として給付を受け取るというものではない。こうした制度で貧困に転落することを防げなかった（防貧できなかった）者に対して、公費により、個別的なニーズに応じた保護を行い、憲法25条の「生存権」の規定する最低生活を保障（救貧）しようとするものである（生活保護法1条）。

生活保護制度は戦後成立したが（旧生活保護法）、当初は怠惰な者や素行不良の者を保護対象から排除する「絶対的欠格条項」を含み、また被保護者からの不服申立てを認めなかった。これが現在のような形に改正されたのは昭和25（1950）年である。その背景には、同年、社会保障制度勧告が出され、そのなかで社会保険、社会福祉、

図1　生活保護の流れ

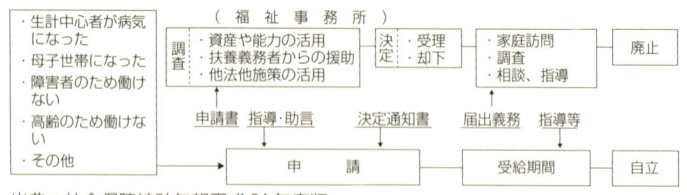

```
・生計中心者が病気        （ 福 祉 事 務 所 ）
  になった          ┌──┬─────────┐ ┌──┬──┐ ┌─────────┐
・母子世帯になった   │調│・資産や能力の活用│ │決│受│ │・家庭訪問│      ┌──┐
・障害者のため働け   │  │・扶養義務者からの援助│ │定│理│ │・調査    │  →  │廃止│
  ない              │査│・他法他施策の活用│ │  │却│ │・相談、指導│      └──┘
・高齢のため働けな   └──┴─────────┘ └──┴下┘ └─────────┘
  い                    ↑申請書  指導・助言  ↓決定通知書    届出義務  指導等
・その他                 └───────┬──────┐         ┌──────┐      ┌──┐
                                  │  申　　請  │   →    │ 受給期間 │  →  │自立│
                                  └──────┘         └──────┘      └──┘
```

出典：社会保障統計年報平成 24 年度版

　公衆衛生とならんで国家扶助が社会保障制度の一部門として挙げられたことがある。それを具現化させたのが、現在の生活保護法なのである。

　生活保護法は、2 条で国民は無差別平等に保護を受けられることを謳い（欠格条項の廃止）、4 条で「保護は、生活に困窮する者が、その利用し得る資産、能力その他あらゆるものを、その最低限度の生活の維持のために活用することを要件として行われる」と規定する。

　この「利用し得る資産、能力」が何を指すかは、解釈が分かれるところである。生活保護を受けている者が保護費から貯金をした場合、あるいは親族からの仕送りを受けた場合、当然に「利用し得る資産」と認定してよいであろうか。これについては、いくつかの訴訟でも争われてきたところであり、たとえば、生活保護と障害年金を受けていた高齢者夫婦において、高齢で病弱の妻が、リューマチと胃潰瘍を患っていた夫を介護できなくなったときのための介護費として、散髪や入浴を極力控える等によって生活費をできるだけ切り詰め貯金をしていたところ、当該貯金の存在が福祉事務所に知られ、その一部が収入として認定され、残りの使途を葬式費用のために凍結するよう求められた事例がある（秋田預貯金訴訟。秋田地判平

成5年4月23日判時1459号48頁)。すなわち、この事案では、介護費捻出のために、受給する生活保護費と障害年金の一部を自分の生活を切り詰めることで蓄えていたことが、「利用し得る資産」に当たるといえるべきなのか、ということが問題とされたのである。

また、「最低限度の生活」とは、「健康で文化的な生活水準を維持することができるもの」であることを要求するが（生活保護法3条）、この「健康で文化的な生活水準」とはどのようなものかについても、解釈が難しい。たとえば、生活保護を受けていた1人暮らしの79歳の女性が、エアコンは贅沢品ゆえ取り外すよう市から命じられ、これに応じた結果、脱水症状を起こして入院した事件がある。エアコンは「健康で文化的な生活水準」を満たすために必要といえるだろうか――この事件は、病を抱える高齢者にとっては、エアコンが必需品の場合もあり、一律に判断することは妥当でないということをあらわしていると思われる。しかしその一方で、生活保護を受けていない人たちとのバランスも考慮する必要がある。生活保護を受けずにぎりぎりのところで生きている人ならば贅沢なものとして断念する品を、生活保護を受けている者が使うことは、生活保護制度の本来目的である「自立の支援」を歪めてしまう結果を導きうるからである。

公的扶助は、経済が発展して雇用も安定し、社会保険など他の社会保障制度が充実していくことでその役割は次第に低下すると考えられていた。しかし、現在のように、経済が停滞し、失業率が上昇、非正規雇用労働者が急増する一方で、社会保障の負担が増える状況下では、貧困を受け止める最後のセーフティネットとして、その役割は増大する一方である。

3　社会保障制度の問題点

ここでは、社会保障制度の問題点を4つ挙げておく。

（1）財源が足りない

運営コストを誰が負担するかは、どの制度設計・運営においても問題となるが、わが国の社会保障制度においては特に深刻であり、近年消費税を上げることで年々膨らむ社会保障費に充当する等の対応策が声高に主張されている。このうちとりわけ問題とされているのは、年金保険と医療保険である。

財源が足りなくなる理由として、主に次の2つが挙げられている。1つは少子高齢化が進むこと、もう1つは未加入者・未納者が増加していること、あるいは、加入していても、収入の減少に伴う納付免除・減額者が増加していることである。

年金保険は、現在の現役世代が支払った保険料が現在の受給者に給付されるという賦課方式が採用されている。この仕組みのもとでは、子供が減って高齢者が増えるということ（少子高齢化）は、負担してくれる者が減って給付を受ける者が増えることを意味することから、財源が足りなくなるのは当然である。

また、保険に（年金保険（第1号被保険者）に限らず医療保険（国民健康保険）についても）加入しない者、加入しても保険料を支払わない者が増加することも、同様に負担する者の減少を意味するから、財源不足はさらに深刻化することになる（医療保険について、保険料を支払わない者のなかには、収入が低く保険料納付を免除・減額される者も含む）。

(2) 業者の不正請求

　業者のなかには、制度を悪用して、給付を増加させようとする者がいる。たとえば、病院は、医療保険が適用される患者に対して療養を提供した場合、患者から3割、保険者に7割を請求することになるが、保険者に対して、看護師の数を水増ししてランクの高い診療報酬を請求・受領していた事件が起きている（「50億円不正受給の疑い」朝日新聞平成24年3月21日夕刊1面）。また、数年前の話であるが、介護保険でも大手介護サービス提供者が事業所に配置すべき人員を配置しないで事業を行い、その分加算した報酬を請求したこと等が問題となったこともある。

(3) 本来受給すべきではない者が受給している

　悪用しようとするのは業者だけではない。申請者のなかにも、不正に給付を受けようとする者がいる。たとえば、生活保護では、収入があるのにないと偽って受給し続けたことが問題となった事件がある（「生活保護　増える不正受給」朝日新聞平成24年3月29日朝刊31面）。

　生活保護は「生活に困窮するすべての国民に対し、その困窮の程度に応じ、必要な保護を行い、その最低限度の生活を保障するとともに、その自立を助長することを目的とする」ものである（生活保護法1条）。申請者の「困窮の程度」を調べるために調査が行われるが、そこで虚偽の申告をして受給しようとするなど、生活保護制度を歪める行為であると言わざるをえない。

　より悪質なのは、こういった虚偽の申告を専門家である医師が行うという場合である。たとえば、障害年金を受給するためには、障

害があることを医師に証明してもらう必要があるが、それを偽装したということが問題となった事件がある（「聴覚障害を偽装　医師に懲役8年」朝日新聞平成24年3月19日夕刊10面）。この事件では、申請者と医師、そして社会保険労務士が共謀して虚偽の申請を行い、医師は報酬を不正に受給したと認定されており、専門家としてあるまじき行為と言わざるをえない。

（4）本来受給すべき者が受給できていない

　これに対して、本来の目的から受給すべきといえる者が受給できていないことも、問題点として挙げられる。たとえば、生活保護の受給申請に対して、市が判断を誤って（十分な調査をしないで）保護の申請を却下したことが問題となった事件がある（「生活保護支給命令　長浜市の却下取り消し」朝日新聞平成24年3月7日朝刊27面）。また、保護開始を求めてきた者に、市の職員が、親族からの扶養を求める等、口頭での指導を行って申請書を受け付けないということも問題となっている（いわゆる水際作戦・「書類も受け付けられず　生活保護」朝日新聞平成20年10月29日朝刊24面）。さらに、生活保護を受給している者に対し、いわゆる適正化政策（実際に生活保護を受けている者が、継続して要保護の状態にあるかを確認するために行う審査）を行い、「そろそろ働かないか」と勧めたところ、受給者がこれに応じて辞退届を提出したが、その2ヶ月後に死亡し、後から強制的に辞退届を出させたことを示す証拠がみつかり問題となった事件もある（「生活保護『辞退』の陰に」朝日新聞平成19年8月15日朝刊25面）。

コラム 18 ● 社会保障の歴史

「社会保障」という用語は、"social security"の翻訳として、わが国で使われるようになった。"social security"とは、1935年に米国でニューディール政策の一環として制定されたSocial Security Actにおける造語であったといわれている（当初はEconomic Securities Actという名称であったようである）。とはいっても、社会保障は米国で初めて生まれた制度であったわけではない。古くは、1834年に英国で制定された「新救貧法（New Poor Law）」（英国ではこれ以前に「救貧法」が存在したために「新」がつく）が有名である。これは、均一処遇の原則（救貧法の運営がそれまで教区ごとにばらばらであったものを中央政府の監督下に均一する）をとり、貧困は本来個人の責任であるという立場から、労働能力のある貧民を労役場に収容し強制的に労働させる一方で、労働能力のない貧民を「劣等処遇（less eligibility）の原則」（最下層の自立生活者の生活水準以下とする）のもと、恩恵的に救済を行うという政策をとるものであった。すなわち、保障を最低生活ぎりぎりの水準に設定し、保護を受けるより就労を選ばせることを大きなねらいとしていたのである。

この英国を代表として発展した公的救貧制度は、公的扶助の淵源とされているが、劣等処遇のほか公民権の剥奪などの不名誉（スティグマ）を伴っていたこと、生存権の保障の実現として制度を捉えていなかったことなど、現代的公的扶助制度とは異なるものであった。

これに対して、社会保険制度は、19世紀末のドイツにおける労働者保険制度の流れを汲むものとされている。労働者保険制度とは、公的扶助制度のような、すでに貧困に転落した者への事後的救済（救貧）とは異なり、労働者が貧困にならないよう保険を利用するという相互扶助的制度である。もっとも、これは一定範囲の労働者を対象とするにとどまり、今日のように国民一般を対象とするものでは

なかった。

　今日の社会保障のあり方に大きな影響を与えたとされるのは、1942年に英国で公表された、いわゆる「ベヴァリッジ報告書」である。同報告書は、社会保障を所得の保障と捉え、基本的な必要性を満たす社会保険を基本としながら、それを補足する特別な場合のための国民扶助、そして付加的な任意保険によって構成されるものとの考えを提示し、第二次世界大戦後の先進各国で発展した社会保障制度のあり方の基礎を形成したとされている。

　わが国の社会保障制度の基盤とされる昭和25（1950）年社会保障制度審議会勧告（50年勧告）でも、ベヴァリッジ報告書の理念は生きているといえる。同勧告は、社会保障制度を、①社会保険（医療保険、年金保険、失業保険、労災保険）、②国家扶助（公的扶助）、③公衆衛生および医療、④社会福祉の4部門に分類し、「社会保障の中心をなすものは自らをしてそれに必要な経費を拠出せしめるところの社会保険制度でなければならない」とし、社会保険を中心に発展させてきたのである。

第10章
独占禁止法
公正で自由な競争を促進するための法の概要を学ぶ

> **【ねらい】** 独占禁止法は、特定の業種を除いて社会人になってもあまり関係がないのでは、と思うかもしれません。でも、どの会社も、経済活動を行ううえでこの法に違反してしまう危険性を常に有しています。実際に、有名な会社の行為が独占禁止法違反とされ制裁が加えられたという新聞記事を見たことがあるのではないでしょうか。ここでは、そんな独占禁止法がどんな法律か垣間みてみましょう。

1 独占禁止法とは？

(1)「公正且つ自由な競争」を賛美する法

　Aさんの大学は、駅から離れた広大な土地のなかにある。Aさんは、緑のなかの広いキャンパスで学べることにとても満足しているが、一点どうしても我慢できないことがあった。それは、学食である。Aさんの大学は街から離れており、周辺にレストランがないどころか、もっとも近いコンビニエンスストアまで1キロ以上ある。そこで、ランチは学食を利用することが多いのだが、学食は高くて美味しくない。弁当を持参すればよいのだが、1人暮らしでかつ忙しいAさんにはそんな時間的余裕もない。

　大学のなかに相次いでコンビニエンスストアとカフェができたことが、この状況を変えた。多くの学生もAさんのように感じていたため、さっそくコンビニエンスストアとカフェを利用し始めた。そして学食は誰も利用しなくなった。1ヶ月もしないうちに学食を運営していた会社は撤退し、数ヶ月後新しい会社によって新しい学食

がオープンした。新しい学食は、以前とは比較にならないほど、安価で美味しい食事を提供するものになっていた。すると、以前より多くの学生が、新しい学食を利用するようになった。

　この事例は、何を意味するのであろうか。今Aさんの大学の学生はランチについてとても幸せに違いない。それまで、高くて美味しくない学食で食べるしか選択肢がなかったのが、今では、（美味しくて安い）学食またはカフェを利用する、あるいはコンビニエンスストアで買うというように選択肢が増えたのだから。何が状況を変えた発端かというと、大学内にランチを提供する店が2軒できたことである。学食と競合する新しい店ができたことで、努力しなくても経営できていた学食が学生に利用されなくなったのである。すなわち、それまでなかった競争が生じ、魅力のない学食が競争に負けたということである。しかし、数ヶ月後には、その2軒に対抗できるようなより魅力的な学食が開店し、学生のランチにさらなる選択肢が提供されたのである。

　このことから、競争は素晴らしい！と思わないだろうか。誰が強制するわけでもないのに、怠惰な経営者は自然に淘汰され、味・サービス・価格ともに満足いくよう切磋琢磨する経営者が生き残るのであるのだから。もし、Aさんの大学に新しいカフェやコンビニエンスストアができなかったら、魅力のない学食でもそのまま経営し続けることができたであろう。

（2）「公正且つ自由な競争」という命題

　この章で扱おうとしているのは、「公正且つ自由な競争を促進」することを命題とする「独占禁止法」（以下、「独禁法」という）である。

正式名称は、「私的独占の禁止及び公正取引の確保に関する法律」という。この命題は、同法の第1条をみると明らかになる。独禁法1条は、「この法律は、私的独占、不当な取引制限及び不公正な取引方法を禁止し、事業支配力の過度の集中を防止して、結合、協定等の方法による生産、販売、価格、技術等の不当な制限その他一切の事業活動の不当な拘束を排除することにより、公正且つ自由な競争を促進し、事業者の創意を発揮させ、事業活動を盛んにし、雇傭及び国民実所得の水準を高め、以て、一般消費者の利益を確保するとともに、国民経済の民主的で健全な発達を促進することを目的とする」と規定する。長くて難しいが、これは以下の3つの部分から成り立っているといわれている。

(a)「私的独占、不当な取引制限及び不公正な取引方法を禁止し、事業支配力の過度の集中を防止して……」

(b)「公正且つ自由な競争を促進し……」

(c)「以て、一般消費者の利益を確保するとともに、国民経済の民主的で健全な発達を促進することを目的とする」

まず独禁法固有の目的は、何といっても、(b)の「公正且つ自由な競争を促進」することである。(a)はそのための手段であり、(c)は(b)を実現することで達成しようとする、さらなる目的である。

当該条項で謳われているとおり、同法で禁ずべきは「私的独占、不当な取引制限及び不公正な取引方法」の3つである。なぜならこれらは、独禁法の目的である「公正且つ自由な競争」を阻害するからであり、そのことによってさらなる目的である「一般消費者の利益」の確保や「国民経済の民主的で健全な発達」の促進が阻まれうるからである。具体的に、「私的独占」および「不当な取引制限」は

3条で、「不公正な取引方法」は19条で明示的に禁じられている。以下、この3つについて考えてみよう。

2 独占禁止法の禁ずるもの① ～私的独占
（1）はじめに

「事業者は私的独占……をしてはならない」（3条前段）とされている。ここでいう私的独占とは、「事業者が、単独に、又は他の事業者と結合し、若しくは通謀し、その他いかなる方法をもつてするかを問わず、他の事業者の事業活動を排除し、又は支配することにより、公共の利益に反して、一定の取引分野における競争を実質的に制限すること」（2条5項）である。すなわち、私的独占を禁ずるといっても、会社が市場を独占していること自体を禁ずるのではない。「公正且つ自由な競争を促進」するという視点から、他の事業者の事業活動を「排除」または「支配する」という手段が禁じられるのである（なお、「公共の利益に反して」は、競争制限的行為は通常これを満たすことから判断は不要と一般的に解釈されている）。換言すれば、人為的手段によって、市場支配力（競争が適正になされていればできなかったことをする力）を形成・維持・強化しようとする行為を規制しようとしているのである。

では、ここでいう「排除」や「支配」とは何だろうか。

（2）「排除」行為

「排除」行為とは、一般的に、他の事業者の事業活動の継続を困難にさせたり、新規参入を困難にさせたりする行為とされている。他の事業者が活動することを困難にすれば足りるのであって、活動を

全面的にできなくすることまで要求されていない。もっとも、競争は一般的に他の同業者の活動を困難にする傾向を有することから、「排除」が認められるには、反競争的な要素が必要である。具体的には、他の事業者が事業活動を行うに当たり、たとえば、ライバルにとって重要な資源を買い占め費用を人為的に上げる行為や、不当に安く売ること（略奪的価格設定）で顧客を奪い、ライバルを市場から駆逐する行為が挙げられる。

「排除」行為に当たるとした事例として、たとえば、北海道新聞社事件（東京高決昭和29年12月23日審決集6巻89頁）が挙げられる。これは、北海道において新聞を発行する北海道新聞社が、過半数のシェアを占める函館地区で新聞発行業に新規参入してきた函館新聞社の事業活動を妨害するために、（ⅰ）自らは具体的な使用計画のない「函館新聞」などの商標登録を出願し、函館新聞社に使用させないようにした、（ⅱ）通信社に対して函館新聞社とニュースの配信契約を締結させないよう働きかけた、（ⅲ）函館新聞社の広告取引先である事業者に向けて大幅な割引広告料金を設定した、（ⅳ）テレビ局に対して、函館新聞社のコマーシャルを放映させないように要請等をしたという事案であり、これら一連の行為は、函館新聞社の事業活動に対する「排除」行為に当たるとされた。

また、有線ブロードネットワークス事件（公取委勧告審決平成16年10月13日審決集51巻518頁）においても、「排除」行為が認められた。これは、店舗・宿泊施設等の業務所に対して音楽放送を提供する事業を営む株式会社有線ブロードネットワークス（国内受信契約数約72％を占める）と同社の代理店として契約の取次等の事業を営む株式会社日本ネットワークヴィジョンが、音楽放送の提供に当

たって、音楽放送事業を営む者であるキャンシステム株式会社（国内受信契約数約20％を占める）の顧客を奪って運営を困難にすることを企画し、キャンシステムの顧客に限って月額聴取料を無料または通常より低い価格にするキャンペーンを何度も実施しキャンシステムの顧客を奪取したところ、これはキャンシステムの事業活動に対する「排除」行為に当たるとされたのである。

　ここで、北海道新聞社事件における（ⅰ）（ⅱ）（ⅳ）の行為は、新規参入会社の事業活動を行う費用を人為的に増大させる行為であるといえ、北海道新聞社事件における（ⅲ）の行為、および、有線ブロードネットワークス事件においてなされた行為は、略奪的価格設定といえよう。これ以外にも、前者として、マンホール鉄蓋について特許の使用を認める代わりに他社の製造数量などを制限したことが問題とされた事例や、世界最大の半導体メーカーがパソコンメーカーにCPUを販売する際、競合他社と取引しないなど条件を付けてリベートを支払ったことが問題とされた事例が存在する。また、後者として、同じ長距離バス路線に新規参入してきた業者に対抗して料金を値下げした行為や、新規参入航空会社への対抗値下げ（競合する路線だけを大幅に下げる）が、私的独占につながるおそれがあるとされた事例がある。

　なお、「排除」行為とされる行為の多くについて、後に述べる「不公正な取引方法」として類型化されていることに注意が必要である。

（3）「支配」行為

　「支配」行為とは、他の事業者を拘束ないし強制することによって、その事業活動を自己の意思に従わせることをいう。

「支配」行為に該当するとされた事例として、野田醤油事件（東京高判昭和32年12月25日行裁例集8巻12号2300頁）が挙げられる。同事件は、東京都内で醤油製造業者として市場占有率36.7%（ヤマサ醤油、銚子醤油および丸金醤油は3社あわせて31.1%）を有する野田醤油が、自己の販売価格を引き上げ、さらに標準卸売価格および標準小売価格を決定し、卸売業者および小売業者に指示しこれを維持させ、他の3社もこれに追随し同一の小売価格を設定・維持させたところ、野田醤油の再販売価格の決定・維持が、他の3社の価格決定を「支配」するとして、私的独占に該当すると判断された。

また、東洋製罐事件（公取委勧告審決昭和47年9月18日審決集19巻87頁）は、わが国における食かん製造業者として市場占有率約56%を有する東洋製罐が、同じく食かんを製造している北海製罐ほか3社（市場占有率約18%）に対して株式保有および役員兼任・派遣を行い、自己の意向に従って営業させ、特に北海製罐の工場新設に際して、その規模、販売先、製造する食かん等について制限を加えたところ、これらの行為が「支配」に当たると判断された。

このように、おおざっぱにいえば、相手を外に追いやるのが「排除」であるのに対し、相手を自らの勢力範囲のなかに取り込んで自己の思うように動かすのが「支配」というイメージである。

（4）競争の実質的制限

私的独占成立のためには、これらの他の事業者の事業活動を「排除」または「支配」する行為が「一定の取引分野における競争を実質的に制限する」ものといえなければならない。競争が実質的に制限されたとは、競争自体が減少して、特定の事業者または事業者集

団が、その意思である程度自由に、価格、品質、数量その他各般の条件を左右することによって、市場を支配することができる状態（東宝・スバル事件。東京高判昭和26年9月19日行裁例集2巻9号1562頁）をいう。たとえば、東洋製罐事件では、東洋製罐が株式保有や役員兼任を行っている4社と合わせると、東洋製罐の市場占有率が74%にのぼっていること等の事実から、競争の実質的制限が認められるとされている。また、北海道新聞社事件のように、市場への新規参入を阻止することで市場の開放性を妨げている場合にも、競争の実質的制限があったとされている。

（5）違反行為に対する制裁

私的独占を行った事業者に対しては、通常、排除措置命令が出される（7条）。排除措置とは、「事業の一部の譲渡その他これらの規定に違反する行為を排除するために必要な措置」とされていることから、当該規定は、米国において認められる分割命令のような、構造的是正措置を許容しているようにも文言上は読める。しかし、実際は市場支配力の形成・維持・強化と因果関係がある限度のものが措置の対象となっている。因果関係の立証に大きな困難が伴うことから、実際上構造的是正措置を命ずることは難しいとされている。

3　独占禁止法の禁ずるもの②　～不当な取引制限

（1）はじめに

不当な取引制限とは、「事業者が、契約、協定その他何らの名義をもつてするかを問わず、他の事業者と共同して対価を決定し、維持し、若しくは引き上げ、又は数量、技術、製品、設備若しくは取引

の相手方を制限する等相互にその事業活動を拘束し、又は遂行することにより、公共の利益に反して、一定の取引分野における競争を実質的に制限すること」（2条6項）である。

　不当な取引制限の典型はカルテルである。カルテルとは、たとえば、同業者同士がある特定の製品・サービスについて価格を同一にすることを合意することをいう（価格カルテル）。同じ町に存在する八百屋が、販売する野菜の価格について話し合って同じ値段で販売する約束をし実行するということがこれに該当すると考えられる。私的独占には「排除」や「支配」という効果が必要だが、カルテルはそれらがなかったとしても、競争を制限する内容の合意が存在しただけで独禁法上に違反すると考えられている。

　では、どのような場合にカルテルが成立するとされるのだろうか。条文によれば、「事業者が……他の事業者と共同して……相互に……拘束し、又は遂行すること」で競争が制限されることが必要である。そこで、①共同、②相互拘束、③共同遂行することについて、考えてみよう。

（2）成立要件

　まず①の「共同」性の要件を満たすためには、典型的には、複数の事業者が契約・協定などの合意をしていることが必要とされる。この「合意」は明示的になされる必要はなく、黙示的でも足りる（カルテルが禁じられている状況で、企業が価格の値上げについて証拠を残す形で明示的に合意することは、合理的に考えてあまり起こりそうもないことである）。たとえば、複数の事業者が集まってある商品価格の引上げについて情報交換を行い、その後当該商品の価格引上げにつ

いて一致した行動をとった事例において、事業者全体として値上げへの賛意は示されなかったことから合意がなかったと争われたが、裁判所は、意思の連絡（合意）について一方の価格引上げを他方が単に認識・許容するのみでは不十分であるが、相互に他の事業者の価格引上げを認識して、暗黙のうちに認容すればよいとしている（東芝ケミカル事件。東京高判平成6年2月25日高民集47巻1号17頁）。

次に、②の**相互拘束**は、①の合意について**お互いに拘束し合うこと**である。価格を引き上げる（価格カルテル）なら値上げについて、数量を制限する（数量制限カルテル）なら数量制限について、相互に拘束し合うなら、相互拘束が認められる。③の**共同遂行**は、合意が希薄な場合も不当な取引制限の禁止に含まれることを示したにすぎないと解されていることから、それ自体に大きな意味はないと解される。

なお、不当な取引制限が成立するには、条文上、こういった共同行為が「一定の取引分野における競争を実質的に制限する」という効果を有することが必要とされている。この要件は私的独占成立の要件と同じであるが、私的独占ほど高い市場占有率は要求されておらず、カルテル参加者の市場占有率が約50％で競争の実質的制限が認められている（中央食品事件。公取委勧告審決昭和43年11月29日審決集15巻135頁）。

また、「公共の利益に反して」の要件は、私的独占と同じに解釈されている。

（3）違反行為に対する制裁

カルテルが事業者に対して多大な利益をもたらすことは想像に難

くないであろう。たとえば、価格カルテルなら価格の引上げを合意するわけであるが、他の事業者も値上げをすることから、値上げをしたことを理由に顧客が自社製品の購入を控え他社製品を購入するようになる心配をする必要はない。他の条件に変動がない限り、事業者は当該値上げによる利益を享受できることとなる。カルテルに対しては、刑事罰が科せられうるがその執行は少なく、課徴金が中心的な制裁となっている。課徴金とは、事業者がカルテルを行ったことから得られた経済的利得を国庫に納めさせるその金員である。いわゆる「やり得」を防止するために、昭和52（1977）年に課徴金制度が導入された（その額は徐々に引き上げられてきており、平成17（2005）年改正で、カルテルの実行期間中の対象商品等の売上額の10％等とされている）。

コラム 19 ● カルテルと事業活動の国際化

カルテルが問題となることは多い。平成24（2012）年になってからメディアで取り上げられたものだけでも、「甘味料カルテル」、「ベアリングをめぐるカルテル」、「タクシーカルテル」、「車部品カルテル」などがある。これらの商品の価格についてカルテルを結んだことが、問題とされている。

このような問題は外国でも起こりうる。すなわち、外国で事業を行う日本の会社が外国法上の制裁を科せられるという場合である。特に、米国や欧州では制裁が厳しく、その執行も熱心なため、よく日本のメディアで、日本の有名な製造業者が高額の罰金（たとえば、平成24（2012）年1月末に米国で自動車部品の価格カルテルで1つの会社に対して360億円！もの事例あり）や制裁金を科せられたとの記事

が掲載されている。

4 不公正な取引方法の規制

(1) はじめに

「不公正な取引方法」とは、2条9項の1号から6号のいずれかに該当するもので、「公正な競争を阻害するおそれ」があるもののうち、公正取引委員会(独禁法が遵守されているかを審査し、違反行為に対して必要な措置を命ずることができる行政機関)が指定するものをいう。

これを受けて、公正取引委員会はさまざまな行為を「不公正な取引方法」として指定している。たとえば、一般指定は、共同の取引拒絶、その他の取引拒絶、差別対価、取引条件等の差別取扱い、事業者団体における差別取扱い等、不当廉売、不当高価購入、ぎまん的顧客誘引、不当な利益による顧客誘引、抱き合わせ販売等、排他条件付取引、拘束条件付取引、取引の相手方の役員選任への不当干渉、競争者に対する取引妨害、競争会社に対する内部干渉の15項についてなされている(一般指定以外には、特殊指定があり、特定の業界(新聞業、大規模小売業等)の実情に即して、当該業界において行われている、または行われうる不公正な取引方法の類型が定められている)。

(2) 具体例

挙げられた15項に該当する行為が禁じられるのは、当該行為に「公正な競争を阻害するおそれ」がある場合である(これは、私的独占や不当な取引制限でも出てきた「競争の実質的制限」に対応するもので

ある)。すなわち、独禁法の目的の「公正且つ自由な競争」を減殺するか否かという視点がここでも重視されているということである。

たとえば、一般指定1項の「共同の取引拒絶」は、自分と競争関係にある他の事業者と共同して取引を拒絶することを禁じているが、これは、その結果、取引を拒絶される事業者は通常市場から撤退あるいは縮小せざるをえなくなるからである。

また、2項「その他の取引拒絶」の禁ずる単独の取引拒絶等は、どんな場合でも拒絶することが認められないというわけではなく、たとえば、ある商品の販売業者が当該商品の小売価格を守らず大幅に値引きして販売していたことから、小売価格の下落を懸念して、契約更新を拒否したといった場合に禁じられるとされている。

さらに、3項でも「差別対価」、すなわち、同じ事業者が、同一の商品について、地域または相手方により対価に差を設けることを禁じているが、これも、あらゆる差別対価が禁じられるわけではなく、「不当」なものに限られており、その判断には「公正且つ自由な競争」を減殺するか否かが大きく関わっている。たとえば、遊園地や観光地に行くと、ふだんコンビニエンスストアで売られているジュースが2倍に近い値段で売られていたりするが、これは差別対価には当たらない。なぜなら、自由競争の減殺がないからである(この行為によって、消費者は困るかもしれないが、他の競争相手が市場から駆逐されるわけではない)。これに対して、O県でのみバスを運行させている会社Aが、P地点からQ地点を1,000円で走っていたところ、隣県のバス会社Bが同じ路線に900円で新規参入してきたとしよう。Bは他の路線(PQ地点を結ぶ路線と同程度の距離などほぼ同じような条件)はすべて1,000円に設定していた場合には、差別対価に当たり

図1　法的措置件数等の推移

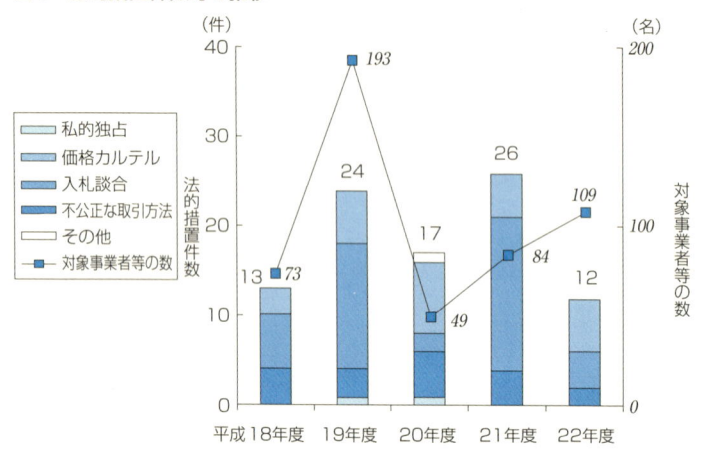

凡例：
- 私的独占
- 価格カルテル
- 入札談合
- 不公正な取引方法
- その他
- 対象事業者等の数

法的措置件数（件）／対象事業者等の数（名）

- 平成18年度：13／73
- 平成19年度：24／193
- 平成20年度：17／49
- 平成21年度：26／84
- 平成22年度：12／109

平成	18年度	19年度	20年度	21年度	22年度
入札談合	6	14	2	17	4
私的独占	0	0	1	0	0
価格カルテル	3	6	8	5	6
不公正な取引方法	4	3	5	4	2
その他	0	1	1	0	0

出典：平成22年度　年次報告　公正取引委員会

うる。隣県で市場支配力を有したB社が、そこで得た利益を投じて新規にO県で低価格でバスを運行しようとする場合、O県でのみ運行しているAはBのようにはできず、これが長期間続けばAは市場から退出するしかない。その結果、BはO県での市場支配力を獲得することができる可能性が高いと考えられるからである。

　このバスの事例は、略奪的価格設定といわれる行為と同様のもので、第1段階では、市場支配力を有している事業者が低価格でサービス・物を提供し続け、競争相手を市場から撤退させ、第2段階で

は、競争相手がいなくなった市場で価格を上げて提供し、第1段階で低価格によって被った損害を回復させ、さらに利益を得る、という行動に出るものである。

　これ以外にも、「不当廉売」（不当に安く売る）、「不当高価購入」（不当に高く買って他の事業者の活動を困難にさせる）、「ぎまん的顧客誘引」（事業者に対して不当表示等をして勧誘する）、「抱き合わせ販売等」（主たる商品と従たる商品という別個の商品を購入・取引することを強制する）、「排他条件付取引」（取引の相手方に対して競争者と取引しないことを条件として契約する）などがあるが、これらも「公正且つ自由な競争」が減殺されるときに禁じられると解釈されている。

　これに対して、「不公正な取引方法」として禁じられるが、「公正且つ自由な競争」を減殺する効果を有さないのではないかと思われるものがある。13項（「取引の相手方の役員選任への不当干渉」）の禁ずる「優越的地位の濫用」である。これは、たとえば、スーパーマーケットや家電量販店といった販売者が、納入者に対して商品陳列などのためにその従業員を無償で派遣させ働かせた等でよく問題となっている（「エディオン　排除命令へ　課徴金40億円か　納入業者タダ使い」朝日新聞平成19年12月28日朝刊35面、「優越的地位乱用　初の課徴金命令」同平成19年6月3日朝刊38面、「納入側に16万人派遣強要　ヤマダ電機へ排除命令」同平成20年7月1日朝刊1面等参照）。

　確かに、この販売者の行為は、取引上の地位の格差を利用した行為ともいえ、褒められたものではないが、「公正且つ自由な競争」を減殺するものといえるのだろうか。というのは、これらが行われたとしても、他の「不公正な取引方法」のような、競争相手を市場から撤退させることはないであろうからである。

それにもかかわらず、この行為が禁じられるのは、少し異なった意味で「公正且つ自由な競争」を減殺するからだと思われる（従来、「自由競争基盤の侵害」と説明されてきた）。その競争とは、1つは、これが許されることによって可能になる、販売者の、納入者の無償労働で得た利益を使った他の事業者との競争である。もう1つは、納入業者同士が販売者に対して無償で労働力を提供する競争である。これらの競争は公正でも自由でもなく、法の目的の「公正且つ自由な競争」を促進しないということから、禁じられているのだと思われる。

　なお、「不公正な取引方法」に該当する行為を行った場合は、排除措置命令が出されたり、課徴金納付命令が発せられたりする。

第 11 章
金融商品取引法
公正な証券市場を実現するための法の概要を学ぶ

【ねらい】金融商品取引法とは、社会人になると2つの点でとても身近になる可能性があります。1つは、入った会社が「上場会社」(たとえば、東証第一部上場会社など)だった場合です。その会社は金融商品取引法で定める情報開示義務を負うからです。もう1つは、自分自身の給与等で「株式」などの証券に投資をする場合です。投資者として金融商品取引法で保護される権利を主張することなどができるからです。この章では、そのような金融商品取引法の内容を詳しくみていきます。

1　金融商品取引法とは？

　金融商品取引法(以下、「金商法」という)とは、どのような法律だろうか。その名称から、「金融商品」を「取引」するときに適用される法律であることは想像できるが、ここでいう「金融商品」や「取引」とは何を指すかは、金商法をよく読まないとわからない。さし当たり、株式の売買を思い浮かべてほしい。株式の売買は、主に証券取引所(法律用語としては「金融商品取引所」という(金商法80条以下))で行われる。日本の証券取引所のうち最も大きくて有名なのは、東京証券取引所(略して「東証」という)であるが、それ以外にも大阪、名古屋、札幌そして福岡にそれぞれ証券取引所がある。会社は、自らの発行する株式をどの取引所(1つとは限らない)の市場で取引させるかを選んでそこに提供し(これを「上場する」という)、投資家同士がそれらを売買するのである。一般的によく知られている会社の多くは東証第一部に上場されており、東証第一部は(東証が定める

上場するための高い審査基準をクリアし、また東証に参加する投資家たちの厳しい目にも耐えうるという意味で）日本の優良な会社だけが集まっている市場といえるかもしれない。東証第一部に上場している会社の数は約1,700社くらいであり、どのような会社がそれに含まれているかは、新聞の株価欄を見ればすぐわかる。

2 株式の取引に当たって

（1）どの会社の株式を買う？　〜会社の情報開示

　取引所において株式を取引するためには、一般的に証券会社に口座を作る必要がある（取引所で売買できるのは、原則として、その会員である証券会社等に限られる）。さて、口座が開設できたとして、いざ取引するとなった時、どの株式を買うのか、あるいは売るのか、投資家はどのように判断するのだろうか。何となくブランドイメージがいいから、友人が勧めるから、が理由でもいいのかもしれないが、もう少し熟慮したうえでの判断が必要ともいえる。というのも、株式は株価が上がれば儲かるし下がれば損をする商品で、自己責任が大原則だからである（この点が、満期日に元本と約束された利息が戻ってくる預貯金などとは大きく異なる）。誰も損はしたくないだろうから、買ったら儲かる会社はどこかを見極めるために、正確で十分な情報が必要となる。そこで、金商法は、上場会社に対しては、詳細な情報開示を定期的に要求している。最も重要な情報開示の1つは、1年に1度提出される「有価証券報告書」で、上場会社は、自社の現在の状況について詳細で十分な情報を開示しなければならない。また、初めて株式を上場するときは（新規株式公開、英語ではInitial Public Offering、略してIPOという。第4章参照）、「有価証券届出書」

を提出しなければならない。これらの書類は、金融庁のウェブサイトのEDINETで閲覧できるから、気になる会社について1度みてみることをお勧めする。その会社の現在の情報（および将来の展望も?）がわかり、知らなかった面がみえてくるかもしれない（就活の第一歩は、働きたい会社をみつけることであるが、案外そのために役立つ資料にもなるかもしれない）。

（2）会社が開示した情報が虚偽だったら？

投資家は、こうした情報に基づいて投資判断をするわけだが、もしそこに虚偽の情報が含まれていたらどうだろうか。虚偽の情報を信頼して取引して損を被った者に、株式投資は「自己責任が大原則だから」というのはあまりにも酷である。そこで、金商法は、重要な事項について虚偽の記載があった場合、記載すべき重要な事項が欠けていた場合などに、その会社およびその取締役等の役員や監査証明をした公認会計士または監査法人などに対して責任を追及できる条文を用意した。すなわち、投資家は、提供されていた情報が虚偽であった場合には、一定要件のもとで損害賠償を請求できるのである（第5章参照）。

さらに、金商法は、当該会社の負うべき責任として、刑事罰や課徴金納付制度を用意している。刑事罰とは、わかりやすくいえば、犯罪行為の応報として、懲役（一定期間刑務所に入って身体的自由を奪われる）や罰金（金銭を徴収されるという意味で財産的自由を制約される）という制裁が、刑事手続という厳格な手続を経て科せられるものである。これに対して、課徴金納付制度とは、当該行為から得た利益を吐き出させるために、より簡易的な手続で、その者が得た

利益に相当する程度の金銭を徴収するという制度である（詳細は、後述する）。

（3）自分の保有する株式を売るか否か？
～株式の大量取得・保有等に関する情報開示

（1）では、上場会社が自分の現在の状態について情報を開示する制度について論じたが、それ以外でも情報開示義務が課せられる場合がある。たとえば、ある上場会社の株式を5％以上取得した場合である。その場合、取得者は大量保有報告書（金商法27条の23第1項2項）を提出して、自分が当該株式を5％以上保有するに至ったことを市場に知らせなければならない。これは、ある特定の会社の大株主の変動に関する情報が、市場（投資者）にとって重要であるからである（たかが5％で大株主？　と思うかもしれないが、5％保有するのにいくら必要かEDINETなどで調べてみてほしい）。

また、5％以上の上場会社の株式を取得した者は、これ以外にも情報開示が要求される場合がある。たとえば、その者が当該5％の株式を60日間で11名以上の者から市場外で買い付ける場合である（「市場外で」とは、証券取引所を通さないで、株式を保有している者から直接、という意味である）。この場合、公開買付規制にかかり、その者は、当該会社の株式の取得に当たって、どのくらいの株式を、いくらで、いつ買い付けるのかを市場に対して開示し、自分が買い付けようとした特定の相手のみならず、他のすべての当該会社の株式を保有している者に対して、買付の申し出をしなければならなくなる。さらに、買付相手が仮に11名未満であっても、60日間で市場外で3分の1を超える買付を行おうとする場合には、やはりこの公開買付

規制にかかってしまう。これは、「市場外」での取引についても、一定の場合には市場における取引同様、情報が開示されすべての株主に売却の機会が提供されることで（公開買付規制によって開示された情報をもって、投資家は保有する株式を買付者に売り付けるか否かを判断することになる）、透明性および公正性を確保する必要があるから、と説明される。

なお、前述の大量保有報告書や公開買付開始公告、公開買付届出書に虚偽の記載をした者は、刑事罰や課徴金納付命令の対象になるうえに、民事責任も課せられうる。

3　投資家に一番近い存在　～証券会社
(1) 誠実公正義務

他にも、「自己責任の大原則」が通用しない状況は存在する。たとえば、証券会社の従業員が強引な勧誘をした、または当該投資家にとって不適切な商品を勧めたなど、証券会社の従業員が素人の一般投資家の十分でない理解度を利用して商品を売り付けたような場合である。一般投資家は、通常は証券会社を通して株式を売買することから、証券会社の従業員は一般投資家に最も近く、不正行為を働き易い立場にあるともいえる。そこで、金商法は、証券会社やその従業員に対し、顧客に「誠実且つ公正」に業務を遂行する義務を課している。何が誠実公正義務として認められるかは解釈によるが、以下に説明する、証券会社に課せられる義務は、当該義務を具体化したものといってよい。

(2) 適合性の原則・説明義務

　証券会社に課せられる義務で金商法上規定されているものとして、たとえば、適合性の原則や説明義務などが挙げられる。適合性の原則とは、その名のとおり、（証券会社が顧客に勧める商品が）顧客に適合していなければならないという原則である（金商法40条1項1号は、「顧客の知識、経験、財産の状況及び金融商品取引契約を締結する目的に照らして不適当と認められる勧誘」を行って投資者の保護に欠けたり、欠けるおそれがあってはならないとする）。たとえば、高齢の顧客に非常にリスクが高いデリバティブなどの複雑な商品を売り付けることは、この原則に違反するといえる。

　説明義務とは、証券会社は投資家に、金融商品の内容やリスク等を説明しなければならないというものである。証券会社が、投資判断をするうえで重要な情報を顧客に与えなかった場合には、この説明義務違反によって責任が問われうる。

　金融商品が複雑化専門化している今日では、そういった商品に手を出し損失を被った顧客が、適合性原則違反・説明義務違反を理由に、自分に当該商品を勧めた証券会社の従業員および証券会社を訴える事例が増加している。

(3) 登録義務

　ところで、証券会社の業務（たとえば、投資家からの株式などの売買の注文を市場に仲介すること）は誰でも営めるわけではない。かつては国から免許を与えられた者のみが営める「免許制」がとられていたが、現在は登録制である（第12章参照）。証券会社の業務は、法的には「金融商品取引業」の1つに該当し（「第一種金融商品取引業」とい

い、これ以外には「第二種金融商品取引業」「投資助言・代理業」、そして「投資運用業」が存在する)、金融商品取引業のなかでも登録を受けるための要件が他の3つより厳しくなっている(たとえば、金商法29条の4第1項4〜6号等)。なぜなら、証券会社は、流通性の高い(より多くの一般投資家の手に渡る)株式などの売買やその仲介等を行うからである(これに対して、それほど流通性の高くない株式などの販売や勧誘などを行う業を営む者は「第二種金融商品取引業者」として登録すればよい)。

　金融商品取引業者として内閣総理大臣の登録を受けると、登録番号が与えられる。これが投資者保護の点から重要である。この番号を得ること(たとえば、関東財務局長(金商)第000号)は、金融商品取引業者にとって、登録のための要件を満たしたという意味があり、また公的規制に服して業務を遂行していることの証しになるからである。金商法は、この番号をさまざまなものに記載するよう要求している。たとえば、標識、広告、契約締結前の書面等である。一般投資家が、金融庁の監督を受けている金融商品取引業者と取引するよう誘引するため、言い換えれば無登録業者による違法行為の被害をできるだけ防止するためにとられている対策といえる。

(4) 義務違反の責任

　このように、証券会社にはさまざまな義務が課せられている。これらの義務に違反すると、刑事罰が科せられる場合があるほか(たとえば、証券会社の登録義務違反に対しては5年以下の懲役もしくは500万円以下の罰金が科せられうる)、業務停止命令や業務改善命令などの行政処分がなされうる。他方、金商法にはこれに関する民事責任

の規定はなく、これを追及するのなら民法709条の規定する一般不法行為責任となる（当該責任は比較的多くの事例で認められている）。

4　不公正取引

（1）誰に対しても適用される規制

　金商法上の義務に違反したら制裁が科せられるのは、上場会社や証券会社といった者だけではない。誰でも、ある一定の義務違反行為をした場合には制裁が科せられる。たとえば、不公正取引をした場合である。不公正取引には、インサイダー（内部者）取引、相場操縦、風説の流布・偽計等がある。これら（特にインサイダー取引）は、メディアでもよく取り上げられることから耳にしたこともあると思う。しかし、そもそも「インサイダー」による「取引」や「相場」を「操縦」する行為はなぜ規制されるのか、何がいけないのか、それほど明確ではない。また、「風説の流布」や「偽計」は、一般的にはあまり使われない馴染みのない言葉であり、何を禁じているのか、言葉だけからはよくわからない。そこで、以下では、どういった行為を、なぜ規制するのか、それぞれ考えてみる。

（2）インサイダー取引

　インサイダー取引とは、インサイダーによる株式などの取引のことで、金商法で明確に禁じられている。ここでいうインサイダーとは、取引される株式を発行する会社の内部者（取締役や従業員など）、公開買付の場合は取引される株式を発行する会社を買い付けようとしている公開買付者の内部者を指す。これらの者は、会社内部にあふれる、その会社の現在そして将来に関する重要ないまだ公表して

いない情報（内部情報）に職務上常に接することができるし、また、接しなければならない状況にある。もし、これらの者がそれらの情報を私的に使って株式を取引できたら、どう感じるであろうか。たとえば、A社が新薬の発明に成功し商品化する情報を一般に公表する前に、同社の取締役がその情報を知り、自分のお金でA社の株式を大量に購入していたといった場合である（新薬の商品化というのは、一般的にはA社の株価を押し上げる肯定的な情報と捉えられている）。直観的に不公平と思うであろう。これが不公平に感じる大きな1つの理由は、A社の内部にいて未公開情報を職務上知りうる立場にいる者が、他の投資家にはいまだ知られていないことを認識しながら、自己の利益のために当該情報を利用するからである。

そこでわが国では、これらインサイダーのみならず、そこから情報を得やすい立場にいる者に対しても、内部情報を使って株式を取引することを明確に禁じている。インサイダーから情報を得やすい立場にいる者とは、たとえば、その会社の一定数の株式を有する株主、取引先、またそれらから情報を受領した者などである。

ただ、内部情報は、会社の合併や解散、災害・業務から生じた損害および決算またはその予想に関する情報など金商法で挙げられているもの（公開買付の場合は、公開買付を実施する、またはそれを中止するという内容）に限られる。すなわち、どんな情報でも未公開であるならそれを知って取引したら即違法、というようにはならないのである。

また、自分の職務など金商法に規定する方法とは関係のないところで内部情報を知って取引した場合も、インサイダー取引に当たらない。重要なのは、金商法が禁ずる方法で知ることができた、金商

法が掲げている内部情報を使って、その会社の株式の取引をすることが禁じられるということである。

もしインサイダー取引に該当してしまったら、刑事罰が科せられ、犯罪行為によって得た財産は没収・追徴されるほか、課徴金納付命令の対象となる。ただし、民事責任の規定はない（インサイダー取引を行った者に損害賠償を請求できる者は誰か、考えてみてほしい）。

コラム 20 ● 村上ファンド事件

「『株のプロ』ぼうぜん」「『聞いちゃった』ではなく『言わせた』」「裁判長の指摘に目閉じ」（朝日新聞平成 19 年 7 月 19 日夕刊 17 面）。これは、いわゆる村上ファンド事件の地裁判決について論じた記事である。この判決で東京地裁は、村上ファンド前代表 M に対して懲役 2 年、罰金 300 万円を言い渡したが、それはインサイダー取引違反が認められたからであった。すでに述べたとおり、金商法 166 条および 167 条は、①誰が、②どんな状況で、③どんな情報をもって、取引をしてはいけないかを規定しているが、M はそれらを満たす取引を行ってしまったのである。おおざっぱにいえば、ライブドアの取締役が職務に関して知った情報を受領した M が（①②）、ライブドアがニッポン放送株式を 5 ％以上買い集める旨の情報をもって（③）、ニッポン放送株式を取引した、ということである。しかも、そのライブドアの買集めは、実は M がライブドアに対して強く勧めたことであった（村上ファンドはニッポン放送株式を大量に有しており、その売却先を探していた）とされている。「『聞いちゃった』ではなく『言わせた』」というのは、こうしたことが背景にあったのである。

ところで、単に内部情報を聞いて取引したという一般的なインサイダー取引より、M の行ったことは、悪性が強いような気がしない

だろうか。なぜなら、Mは単にライブドアの取締役が有していた情報をただ取得して取引したのではなく、自分の有していたニッポン放送株式の売却先を探していて、ライブドアに対して当該会社の大量保有を勧めたとされているからである。実質的には、自分の保有株式の売却先になることを勧めたようなものである。

このことから、インサイダー取引違反ではなく、より厳しい責任を規定する他の条文に基づいて責任を追及すべきであったのではないか、という指摘がある。その1つの候補は、金商法157条に基づいた責任である。同条は、不正行為一般を禁じており、Mの行為は、このルールの禁ずる「不正行為」に該当するとしたほうがよかったのではないか、という見解である。というのも、インサイダー取引を行った場合には、5年以下の懲役もしくは500万円以下の罰金が科せられるが、157条違反には10年以下の懲役もしくは1,000万円以下の罰金と規定されており、より重い責任が認められうるからである。

なお、東京地裁の判決は東京高裁で破棄された。結局、Mに対しては執行猶予（刑の執行が一定期間猶予され、その期間を他に犯罪を行うなどしないで過ごせば刑の言渡しは効力を失うという制度）がつき、懲役2年（執行猶予3年）、罰金300万円が科せられたのである（なお、Mから上告されたが最高裁はこれを棄却した）。

（3）相場操縦

たとえば、多額の資金が必要となったAさんが、B社の株式を売却して現金化し資金を調達しようとしたが、B社の株価が下がっており必要な額に足りないという状況にあるとしよう。このような状況で、Aさんが行う誘惑にかられやすい違法行為の1つが、相場操縦といえるかもしれない。相場操縦とは、字義どおり相場を操ると

いうことであり、これによってB社の株価を上げられれば、Aさんは必要な資金の額を得られるからである。具体的には、取引する気がないにもかかわらず、売り注文と買い注文を同時に出して取引したようにみせたり（これを同一の人間が行う場合には仮装取引、複数の人間で行う場合には馴合取引という）、他の投資者に取引を誘引する目的をもってある株式を大量に購入したりすることで、取引が現実に多く行われている、または需要がたくさんあると誤認させ、相場を操ることが行われる。

金商法は、これらの行為を禁じている。なぜなら、それは人為的なもので、現実の需給に基づく取引ではないからである。実際の裁判例でも、ある会社の大株主が資金返済のために取引を誘引する目的で株式を大量に購入して株価を上げたり（藤田観光事件。東京地判平成5年5月19日判タ817号221頁）、ある会社の取締役などが会社の資金調達のために当該会社の株式について仮装取引などをして株価を維持したりしたこと（協同飼料事件。最決平成6年7月20日刑集48巻5号201頁）が相場操縦行為として認定されている。

相場操縦違反の責任については、刑事罰が科せられ、犯罪行為によって得た財産は没収・追徴されるほか、課徴金納付命令の対象にもなりうる。さらに、一定の場合に民事責任が認められる条文が用意されている。

（4）風説の流布・偽計

上場会社が市場に対して虚偽の情報開示をした場合には責任が課せられることはすでに述べたが、上場会社でなくても、虚偽の情報を市場に流した者に責任が課せられる場合がある。それは、風説の

流布や偽計を禁ずる158条に該当する場合である。

　風説の流布とは、一般的には、**合理的な根拠を有していない風評を不特定または多数の者に伝播させること**（伝播する可能性があり、行為者もそれを認識していたこと）と理解され、その虚偽性を要求していない。しかし、実際の裁判例では、虚偽の言明が伝播された場合に風説の流布があったと認められているものが多い。たとえば、テーエスデー事件（東京地判平成8年3月22日判時1566号143頁）では、転換社債の償還のための資金調達に窮していたA社の代表取締役であったYが、A社がB大学医学部教授Cの開発したエイズワクチンの特許実施権を所有していること、すでにタイでエイズワクチンの製造目的の合併会社が設立され臨床試験が開始された旨を公表したが、実際は虚偽であった。裁判所は、これが風説の流布に該当するとした。また、東天紅事件（東京地判平成14年11月8日判時1828号142頁）でも、ある者がA社の株価を高騰させるために同社株式の公開買付を行う旨を公表したが、実際はそのような意思はなかった。これも、風説の流布に該当するとされている。このように、実際の裁判例では、虚偽の言明を公衆に対して伝達した場合に「風説の流布」に該当するとして、責任を肯定しているように思われる。

　次に、**偽計**も、**虚偽の事実を伝えたこと**がこれに該当するとして認められている。たとえば、クレスベール証券事件では、A証券会社の取締役であったY_1および部長であったY_2が、顧客にプリンストン債を販売するに当たり、事実とは異なる内容の（当局の承認が得られている商品である旨の）虚偽の記載がなされた資料を交付したこと、および同証券会社の代表取締役会長であったY_3がプリンストン債は安全との虚偽の説明をしたことが偽計とされている。

また、エムティーシーアイ事件では、A社の代表取締役会長Yが、同社の公募増資に当たり、虚偽の事実を公表して多数の一般投資家から株式払込金を得ようと企て、セミナー講演などにおいて多数の一般投資家に対して、同社は無借金経営を貫いており徹底したディスクロージャーにも努めている旨述べるなど虚偽の事実を公表し、株式の募集のため偽計を用いたとされている。

　このように、虚偽の言明・事実を市場に対して流した者は誰でも、風説の流布または偽計に該当するとして責任を課せられうるのである。

　これに関する責任として、刑事罰が科せられ、犯罪行為によって得た財産は没収・追徴されるほか、ある一定の場合には課徴金納付命令の対象にもなる。ただし、民事責任規定はない。

5　エンフォースメント（執行）

　いくら法が立派な条文を掲げていても、それが実際に執行（エンフォースメント）されなければ意味がない。金商法が用意しているエンフォースメントの手段は、刑事罰、民事責任、行政処分および課徴金納付命令などである。

　刑事罰とは、懲役や罰金のことで、検察官が起訴をすることで科せられうるものであり、金商法は重要な法令違反についてこれを規定している。これらは、大変強力な制裁であり、金商法のエンフォースメントの手段として重要な地位を占めているが、あまりに強力ゆえに謙抑的にしか発動されず、エンフォースメントが適切に行われないという問題点があった。

　そこで、平成16（2004）年から課徴金納付制度が導入された。すで

に紹介したような、インサイダー取引や相場操縦が行われた、あるいは有価証券届出書や有価証券報告書などに重要な虚偽記載があったなど一定の場合に、違法行為から得た利益の剥奪を目的として、課徴金の納付命令が金融庁長官によって発せられることになっている（図1）。

また、民事責任も用意されている。民事責任とは、損害を被った投資家本人が損害賠償請求をすることによって問われるものである。たとえば、会社が有価証券届出書や有価証券報告書などに重要な虚偽の記載をしたとき、それによって損害を被った投資者は当該会社およびその役員等に対して損害賠償請求をすることを認める条文が用意されている。

これに対して、行政処分とは、金融商品取引業者等、行政による監督のもとにおかれている者に対してのみ、なされるものである。その内容は、業務改善命令、登録の取消、業務停止命令などである。たとえば、業務改善命令に関する条文（金商法 51 条）では、内閣総理大臣が同命令を発することができるのは、「……金融商品取引業者の業務の運営又は財産の状況に関し、公益又は投資者保護のため必要かつ適当であると認めるときは、その必要の限度において……」とされており、その裁量は相当広く、金融商品取引業者等に対する有効な規制となっている。

図1 2011年度（平成23年4月1日〜同24年3月31日）課徴金納付命令一覧

【有価証券報告書等の虚偽記載】
東京日産コンピュータシステム（株）(4/7、300万円)/SBIネットシステムズ（株）(5/31、1億1068万円)/（株）DPGホールディングス(6/23、1200万円)/（株）東研(8/24、3108万円)/（株）fonfun(9/29、1963万円)/（株）ディー・ディー・エス(10/3、3330万円)/日本産業ホールディングズ（株）(12/26、150万円)/クラウドゲート（株）(3/2、3125万円)/クラウドゲート（株）(3/2、24万円)/（株）京王ズホールディングス(3/16、4373万円)
【大量保有報告書・変更報告書等の不提出】
モルガン・スタンレー・インベストメント・マネジメント・リミテッド(8/9、637万円)/モルガン・スタンレー・アセット・マネジメント投信（株）(8/9、119万円)/モルガン・スタンレー・インベストメント・カンパニー(8/9、58万円)
【無届有価証券募集等】
東亜エナジー（株）(8/24、6092万円)/ワールド・リソースコミュニケーション（株）(9/22、1億9441万円)
【内部者取引】
（株）塩見ホールディングスが実施した第三者割当増資の引受人(4/27、157万円)/ジェイオーグループホールディングス（株）との契約締結者からの情報受領者(7/20、982万円)/オックスホールディングス（株）の子会社との契約締結者からの情報受領者(1)(2)(7/22、63万円・20万円)/都築電気（株）社員からの情報受領者(7/29、141万円)/パナソニック電工（株）社員(8/9、31万円)/パナソニック電工（株）社員からの情報受領者(8/9、155万円)/（株）サイバー・コミュニケーションズ社員からの情報受領者(10/11、233万円)/（株）ジェイ・エー・エー株式の公開買付者との契約締結者からの情報受領者(10/11、879万円)/（株）ジャストシステムとの契約締結者(11/14、23万円)/（株）VSN役員からの情報受領者(1/20、98万円)/日本風力開発（株）役員からの情報受領者(3/2、653万円)/高木証券（株）顧問(3/29、131万円)/アサヒ衛陶（株）役員からの情報受領者(3/29、10万円)
【相場操縦】
（株）セイクレスト株式に係るもの(9/7、58万円)/酒井重工業（株）株式に係るもの(12/13、438万円)/トラベラー（株）株式に係るもの(12/26、43万円)/インスペック（株）株式に係るもの(12/26、1864万円)

（　）内には、課徴金納付命令日および課徴金額を記載。
参考：金融庁ホームページ。

第 12 章
国際金融規制
資金がボーダーレスに動く世界における「金融規制」を学ぶ

【ねらい】この章では、社会人として知っておきたい、少しスケールの大きい国際的な話をします。「金融規制」は、各国でなされていますが、それらは一様ではありません。毎日莫大なお金が国境を越えて動く現在において、各国のそれぞれ異なる「金融規制」では問題に対応できない現実がここ数年明らかになっています。この章では、まず自国の「金融規制」について何かを考え、それが「国際」の付く「国際金融規制」となるとどのような点が異なってくるのかを考え、現在の状況を紹介します。

1 「金融」と「金融規制」を考えよう

(1) 金融とは？

国際金融規制というと、広くて漠然としていてイメージがわきにくい。そこで、金融とは何か、というところから考えてみよう。

金融とは、通常、金員の融通、噛み砕いていえばお金をたくさん有しているところからお金を必要としているところに資金が流れるということを意味する。具体的には、家計（資金余剰主体）などが会社や政府など（資金不足主体）にお金を融通することである。典型的には、家計から預かったお金を銀行が会社に融資をする（間接金融）こと（あなたが銀行に預けたお金は、銀行に常においてあるわけではなく、あなたが知らぬ間に誰もが知っている有名な会社に対して貸し付けられているかもしれない）や、家計が証券会社を通してある会社の発行する株式を購入する（直接金融）ことが挙げられる。

図１　直接金融と間接金融

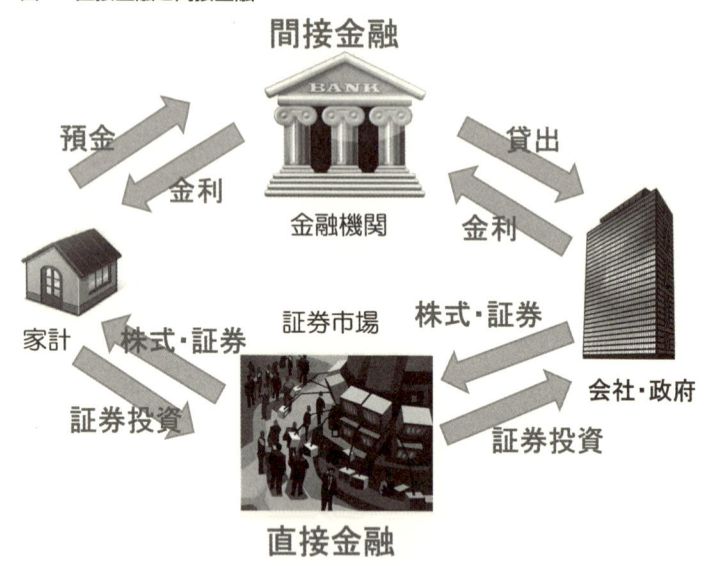

（２）金融規制とは？

　今すぐには必要ない資金をもっている主体から今すぐ必要な資金がない主体に資金が流れることは社会的にも望ましいといえるが、それが実現するためにはいくつかの条件がある。まず、自分が預けたお金が必ず返ってくること、あるいは、返ってこない可能性もある場合にはそれ相応の対価が得られるという期待があることである。

　たとえば、今銀行にお金を預けた時の金利が年0.05％としよう。これは、単純に計算すると、10万円を預けて1年後に50円の利子が付くということを意味する。もしこの10万円が返ってくるのが50％の確率であったら、あなたはその銀行にお金を預けるであろう

か。1年預けても50円の利子しか付かないのに、50％の確率で自分の預けたお金が返ってこなくなる危険がある銀行になど、合理的な人なら自分のお金を預けるようなことはしないであろう。利子が0.05％しか付かなくても預金をするのは、預けたお金が限りなく100％に近い確率で返ってくるという信頼があるからである。

　反対に、自分のお金が満額返ってくるのが低い確率であったとしても魅力的に映る取引がある。満額返ってこないかもしれない一方で、それをはるかに超える利益を生むかもしれないという期待を抱くことができる場合である。この典型は株式投資である。現在1,000円で取引されているある会社の株式は、1ヶ月後500円になるかもしれないが、2,000円になるかもしれないのである。このように、損をする可能性もあるが大きな利益を得ることができるかもしれないなら、金員を融通する者にとって株式を購入することも、あながち不合理な判断ではないといえる。

①銀行

　これらの条件が満たされるようにするために、国は銀行や証券会社に対して規制を行っている（金融規制）。たとえば銀行に対しては、免許制をとっている。免許制とは、銀行業を営みたいという者は、国の定めた一定の要件を満たしたうえで申請を行い審査を受け、免許を取得しなければならないというものである（国は、申請者が仮に要件を満たしていても、他の考慮要素から免許を与えないこともできることから、裁量の幅は大きいといえる）。また、銀行の役割は、預かったお金をそれを必要としている主体に流すこと、預金者がお金を返してほしいといった時に返すことなどであるから、その役割を果たせないような状況（業績の悪化、システム障害などの業務遂行の問題な

ど）にならないように、国は、銀行に対し定期的に検査を行い、また特別な情報開示を要求することで、ルールを遵守しているか否かを常に監督している。具体的には、銀行法は、「銀行の業務の健全かつ適切な運営を確保するため必要があると認めるときは」、内閣総理大臣に、銀行に対して業務または財産の状況に関する報告または資料の提出を求めること、立入検査をすることを認めている。さらに、銀行が法令等に違反をしたときまたは公益を害する行為をしたときは、業務改善命令・業務停止命令を出したり、取締役等の解任や銀行に対して付与された免許の取消を命ずることもできるとされている。

こうした国による監督にもかかわらず、銀行が破綻してしまったとき、または破綻するという噂が流れ預金者が預金を一斉に引き出そうと銀行に殺到する銀行取付（bank run）が起こってしまったときのために、中央銀行の最後の貸手（lender of last resort、以下LLR）機能や預金保険制度（deposit insurance）が用意されている。

LLR機能とは、中央銀行が特定の金融機関が一時的に資金不足に陥った場合に無制限に貸し付けるというものである。銀行の破綻や銀行取付時には、自分のお金が返ってこないかもしれないという恐れがパニックを引き起こしている。そこで、中央銀行が無制限に貸付を実施することによりその銀行は資金不足に陥ることはないとすることで、預金者、ひいては一般の国民を安心させるのである。実際、1985（昭和60）年に米国のバンク・オブ・ニューヨークのコンピュータの故障から決済システムの混乱が生じたとき、ニューヨーク連邦準備銀行がLLR機能を果たすことによって事態を鎮静化させたという話が有名である。

これに対し、預金保険制度とは、いくつかの金融機関で保険料を出し合ってそれをプールし、そのなかの金融機関が破綻したとき、プールした資金を使って当該金融機関の預金者に一定金額を支払うという制度（ペイオフ制度）である。わが国では、1人当たり1,000万円に利子を加えた支払まで保証されている。これは、仮に銀行が支払えなくても1,000万円に利子を加えた額までは預金の払戻を保証するとして、預金者に対してより直接的な安心感を与えるものである。このように、国は、当該金融機関が資金不足に陥らないことを中央銀行が保証することによって、また預金者の預金の支払を保証することによって、事後的に銀行の破綻をめぐる問題を解決しようとしているのである。

　このような事前規制および事後救済制度は、以下に述べる証券会社に対する規制に比して、厳しくまた充実しているといえるものである。これは、預金者の保護に加え、銀行は相互に借入を行っており銀行同士が深く結び付いていることから、1つの銀行の破綻が他の銀行に悪影響を及ぼし、ひいては金融システム全体を不安定化させてしまうリスクが高いということがその背景にある。

②証券会社

　これに対して、証券会社は、銀行とは異なり顧客からお金を預かるわけではなく、基本的には顧客の指示で顧客のお金で株式などの証券を購入あるいは売却することを仲介する役割を担う者である。よって、証券会社に関して重要なことは、顧客に対し公にされている上場会社などに関する正確な情報を適切に提供し、顧客の熟慮した投資判断を可能にすること、および顧客の指示に従った取引を迅速かつ適切に行うということである。国は、こういった証券会社に

対し、登録制をとり、継続的な監督下においている。登録制とは、免許制とは異なり、一定の要件を満たせば基本的に登録できるというものである（要件を満たしているのに登録できないということは原則ない）。証券会社が遵守すべきルールは、預金の保護などが主眼にある銀行とは異なり、顧客に適切な情報開示をすること、顧客に対して誠実に振舞うことなどがその中核におかれている。しかし、それらのルールに違反したときには、銀行同様、制裁が用意されている。具体的には、「公益又は投資者保護のため必要かつ適当であると認めるときは」内閣総理大臣は業務改善命令を出すことができ、また、一定の要件のもとでは業務停止命令を出し、または登録を取り消すこともできるとされている。

また、もし証券会社が潰れてしまった時のために、投資者保護基金というものが用意されている。

2　「国際金融」と「国際金融規制」を考えよう

(1) 国際金融とは？

1 では、金融を国内に限って、日本に居住する人が日本の証券取引所で取引されている株式を買うという状況を想定していたが、今日では金融は国内にとどまらない。「金融」に「国際」が付くと（すなわち「国際金融」）、どのようなことになるのだろうか。

国際金融の例として、日本に居住する人が外国の証券取引所で取引されている株式を買う（そこでの通貨は米ドルである）、あるいは、日本の会社が外国の証券取引所に上場することが考えられる。外国の証券取引所とは、これまで日本の会社が上場してきた主なところとして、ニューヨーク証券取引所かナスダック（National Association of Securities Dealers Automated Quotations、以下 NASDAQ）が挙げられる。ニューヨーク証券取引所は、上場会社の時価総額および売買代金が世界でもっとも高い市場で、世界中の有名な会社が多く上場されている。NASDAQ は規模としてはそれに次ぐ市場であるが、アップル社やマイクロソフト社、ヤフー社など注目度が高い会社が上場していることでも知られている。

　外国の会社が日本の証券取引所に上場するのも国際金融の例であるが、現在その数は極めて少ない。1991（平成 3）年 12 月に東京証券取引所（東証）に上場していた外国会社は 127 社あったが、2011（平成 23）年 12 月現在には 11 社にとどまる。そのうち、東証に単独で上場している（すなわち、その会社の株式は東証でしか買えない）のは 3 社のみで、それ以外は母国等の証券取引所にも上場している。東証は、外国の会社による上場を相当程度視野に入れた、ロンドンにおける市場をモデルとした TOKYO AIM（2012（平成 24）年 7 月 1 日に TOKYO PRO Market に改称）を開設したが、成功しているとはいいがたい状況にある。

　日本の会社が外国で債券を発行する、または外国の会社が日本で債券を発行することも、国際金融の 1 つである。こういった債券を外債という。こうした外債はしばしば特有の呼び名が付けられており、たとえば、日本の会社がニューヨーク市場で発行したドル建債券はヤンキー債、外国の会社が日本の市場で発行する円建債券はサムライ債などと呼ばれる。

　もっとも用いられている外債は、ユーロ債である。「ユーロ」といっても、現在の EU の通貨の「ユーロ」とは関係がない。ユーロ債とは、債券の発行通貨を公式通貨としていない市場（ユーロ市場）で発

行される債券で、たとえば、ロンドンで発行されたドル建債券はユーロ・ドル債、ニューヨークで発行された円建債券はユーロ円債と呼ばれる。世界最大のユーロ市場はロンドンであり、ロンドン市場ではさまざまな外国通貨による金融取引が多く行われている。

　銀行がある外国の会社に融資をするというのも、国際金融の1例である。ただ、国際的な融資は国内における融資にはないユニークな形が採られることがある。たとえば、発展途上国等の資源が豊富な国における、石油、天然ガスあるいは鉄鉱石の開発のために融資をするとき、返済されないリスク、適切な情報が入手できないリスク、貸付通貨がドルなど円以外の場合には為替リスク（為替については後述）などの、国内での融資ではあまり顕在化しないようなリスクが多くあるため、いくつかの銀行（日本で銀行業を営む銀行のみならず、日本の商社が設立した金融子会社を含む）が、政府の機関の援助を受け、共同で資源開発のための融資を行うといったものである。すなわち、資源開発という長期にわたるリスクはあるが国にとっても価値がある事業を行うために、巨額の融資額を、銀行のみならずビジネスとしてエネルギー供給のソースを増やしたい商社が、エネルギー資源の海外依存率の高いわが国においてその安定的な供給をしたい政府の支援・保証を受けて行うということである。異なる利益を有するそれぞれの主体が協調参加することで、一大プロジェクトを実現する試みがなされるのである。

（2）国際金融規制とは？

　こうした国際金融に対して、どのような規制をすることが必要であろうか。各国は、それぞれ金融規制を行っているが、国際金融に

関して問題が起きたときにそれでは有効に機能しえないということが、すでに経験的に明らかになっている。たとえば、米国の銀行が破綻したことが全世界に深刻な影響を与えてしまうという世界に私たちは生きているのである（2008年に起きたリーマン・ショックなどその最たるものである）。

①バーゼル銀行監督委員会とIOSCO

従来、各国で行われている金融規制をいわば統一する形で、国際金融規制を行おうとする枠組みが存在してきた。銀行に関しては、バーゼル銀行監督委員会（Basel Committee on Banking Supervision、以下BCBS）、証券会社に関しては、証券監督者国際機構（International Organization of Securities Commissions、以下IOSCO）がそれに当たる。

銀行に関する国際的な規制としてもっとも有名なのは、BCBSによって策定されたBIS規制である。BCBSとは、スイスのバーゼルにある、1930年に設立された、銀行業務に関する国際協調を目的とする国際決済銀行（Bank for International Settlements、以下BIS）に属する機関である。これによって策定されたBIS規制とは、BCBSがバーゼル合意（Basel Accord）によって銀行の自己資本比率について決めた国際的な統一基準を指す。自己資本比率とは、銀行の資本構成における自己資本の比率であり、BIS規制はこれを一定割合以上要求し負債の比重を相対的に引き下げることで、経営の健全化を維持しようとしている。最初に出されたのは1988年の「バーゼルⅠ」で、2004年にそれに代わって「バーゼルⅡ」が出され、2010年に「バーゼルⅢ」に改定された。この基準は、銀行が遵守しなければならないルールとして採用され、その違反には、他のルール同様の制裁が加えられる。

これに対して証券会社については、IOSCOによる規制がなされてきた。IOCSOとは、証券取引規制の国際協力およびそれによる証券規制の向上を主な目的として1983年に発足した機関であり（わが国は1988（平成元）年に加盟）、これまで証券取引に関する数多くの原則（principle）や方針（policy）、基準（standard）を公にし、各国にその実施を促してきた。それら公表文書のなかで最も包括的で重要かつ基本といえるのは、「証券規制の目的と原則（Objectives and Principles of Securities Regulation）」（1998年9月成立、2010年6月改訂）であろう。同文書は、投資者保護、市場の公正性・効率性・透明性の確保、システムリスクの削減をその目的に掲げて、その実現のために、規制当局、自主規制機関、証券規制の実効性の確保、規制に関する協力、発行者、集団投資スキーム、市場仲介業者、流通市場そして監査人、信用格付機関およびその他情報提供者という9つの分野において38の原則を提示する。IOSCOの文書は、わが国においても大きな影響力を有し、その実現のために、法令ないし自主規制等による手当がなされてきた。立法化された例としては、同文書の市場仲介業者の原則について扱った、1990年の「行為規範原則（International Conduct of Business Principles）」が挙げられる。この文書は、証券業者の行為規範に関する7つの原則を挙げていたが、そのうち業者に誠実・公平性を要求した第1原則および顧客に関する情報を収集することを要求した第4原則が、「誠実公正義務」および「適合性の原則」としてそれぞれ1992（平成4）年旧証券取引法改正でわが国でも規定されたのである。

②G20とFSB

　国際金融規制の担い手として、特に世界的な金融危機発生後、国

際金融規制を主導している G20（Group of Twenty Finance Ministers and Central Bank Governors）を忘れてはならない。G20 とは、経済の主要 20 ヶ国の財務大臣と中央銀行総裁が参加する団体である。主要 20 ヶ国とは、日本、米国、英国、ドイツ、フランス、カナダ、オーストラリア、韓国などに EU を加えたものである。金融危機発生後、2008 年 11 月のワシントン・サミットに始まる 7 回の首脳会合を開催し、金融危機問題に対処する具体的な策について論じている。

この G20 と連携して、そこで決定したことを具体的に実行するのが、FSB（Financial Stability Board）である。基本的には、G20 にいくつかの国や機関を加えたメンバーで構成される。これら両者によって議論され合意された具体的な方策は、各国それぞれが国内で実行されることが予定されている。現在、2009 年 9 月のピッツバーグ・サミットで合意された一定のデリバティブ取引に関する規制について整備が進んでおり、わが国でも法改正を済ませている。

コラム 21 ● 外国為替

たとえば、私たち日本人がフランスに旅行をして、カフェでご飯を食べたり、お土産を買ったりするとき、日本の紙幣や硬貨をそのまま使うことはできず、そこで通用するお金（すなわちユーロ）に換える必要がある。反対に、フランス人が日本で買い物をするときには、同様にユーロを日本円に換える必要がある。もう少し大きな話をすると、日本の会社が米国の会社の発行する株式や債券を取得する場合、投資資金を支払うため円を米国の通貨に交換する必要があるし、反対に、米国の会社が日本の会社に投資する場合には、米国

の通貨を円と交換して支払う必要がある。この通貨と通貨の交換を外国為替（foreign exchange）といい、その交換比率を外国為替相場（foreign exchange rate、以下、為替レート）という（この交換比率は、昨今メディアで騒がれている「ユーロ危機」などの影響を大きく受けており、これによって円の対ユーロ価値がずいぶん上がったといわれている）。

　外国の会社が日本の会社の株式を取得したり債券を購入する額が、日本の会社が外国の会社に対してする額よりも多ければ、円がたくさん買われることになり、対当該通貨（たとえば、ドルやユーロ）に対する円の価値は上昇し円高になる。この逆の場合には、円の価値は下落し円安になる。こうした取引は、「直接投資」「証券投資」として計上され、日本と外国の間の金融資産・負債を表す資本収支という形で公表されている。

　為替レートに影響を与えるのは、こうした資本収支だけではない。日本が、外国との間で行っている輸入・輸出といった「貿易取引」、輸送・旅行などの「サービス取引」も為替レートに深く関係するものである。たとえば、2009（平成21）年、貿易取引の収支（貿易収支）は4.1兆円の黒字になった一方で、サービス取引の収支（サービス収支）は1.9兆円の赤字になったことから、両者を合わせた貿易・サービス収支は2.2兆円の黒字であった。これは、外国が日本から品物・サービスを購入する額が、日本が外国から購入する額よりトータルで多いことを意味し、その結果、品物・サービス購入のための円が多く買われることになるから、対当該通貨に対する円の価値は上昇し円高になるのである。

　これ以外にも、為替レートに影響を与えるものとして、通貨当局による市場介入が挙げられる。市場介入とは、政府や中央銀行が為替レートの急激な変動を防止するために、外国為替市場で外貨を売買することをいう。わが国では、日本銀行が外国為替資金特別会計の資金を用いて市場介入を行っている（日本銀行法40条）。

コラム 22 ● デリバティブ取引

　デリバティブ商品とは、金利、通貨、債券、株式などの伝統的な金融取引から派生したもの（デリバティブ（derivative）とは derive（派生する）の形容詞形）で、もともとは商品取引（農産物や貴金属取引）で発展してきたが、1980年代以降、銀行・証券会社といった金融機関や事業法人が金利・為替リスクを避けるための手段として広く定着した。その内容として、①先渡取引（forward）、②先物取引（futures）、③スワップ取引（swap）、④オプション取引（option）がある。

　①先渡取引（forward）

　先渡取引とは、「ある金融商品を将来の一定期日に一定の価格で受け渡すことを前もって約定しておく取引」であり、デリバティブ取引のなかでもっとも伝統的な取引形態である。この代表的な例として、為替先物予約が挙げられる。3ヶ月後に受け取る円を確定したいとき、3ヶ月先の先物レートでドルを売る約束をする、あるいは3ヶ月後に支払う円建ての額を確定したいときは、先物レートでドルを買う約束をする、というものである。先渡取引は、銀行と会社が相対で条件を定める（店頭取引）点で、次に述べる先物取引と異なる。また、わが国では、外国為替のみが先渡取引として実施されている（債券、株式および金利は先物取引である）。

　②先物取引（futures）

　先物取引とは、先渡取引同様、「ある金融取引を将来の一定の期日に一定の価格で受け渡すことを前もって約定しておく取引」であるが、取引が取引所で行われる点で先渡取引とは異なる。たとえば、金利先物は東京金融先物取引所で（ユーロ円3ヶ月金利先物や無担保コールオーバーナイトもの金利）、債券先物（長期日本国債の先物）は東京証券取引所で、株価指数先物のうち東証株価指数先物は東京証券取引所で、日経225先物は大阪証券取引所で取引されている。

③スワップ取引（swap）

スワップ取引とは、「将来の一定期日に、属性の異なる債権・債務あるいは利息の受取・支払といったキャッシュフローを、あらかじめ定めた方法で相互に交換する取引」をいう。取引の内容は、それぞれ異なる契約当事者のニーズを反映して多種多様であり、取引所で取引するような標準物による定型化には馴染まないため、店頭取引で実施されている。

この取引の代表的なものは、固定金利での支払と変動金利での支払の交換を行う「金利スワップ」、ドル建での支払と円建での支払の交換を行う「通貨スワップ」である。たとえば、事業法人が固定金利で社債を発行した後、金利が低下すると予想すれば、固定金利支払を変動金利支払にスワップ取引により「交換」するといったように使われる。

④オプション取引（option）

オプションとは、「ある金融商品を現時点で契約した価格（行使価格）で将来の一定の期限までに購入あるいは売却する権利」をいう。購入する権利をコール・オプション、売却する権利をプット・オプションという。オプションの保有者（買主）は権利を行使するか否か自由であるが、オプションの売主はオプション手数料を受け取るのと引換えに、オプションの買主が権利を行使した場合にそれに応じる義務を負うことになる。わが国でオプションは、外国為替・金利・有価証券について、取引所市場でも店頭市場でも行われている。

コラム 23 ● 証券化

「金融の証券化」（securitization）とは2つの意味を有する。1つは、市場性取引の拡大、すなわち、金融取引が貸出市場のような相対取引の市場から証券市場（債券市場・株式市場）に移っていく現象を

いう。もう1つは、資金調達を、CP（Commercial Paper）発行などといった会社のバランスシートの負債勘定に計上することで行うのではなく、その資産勘定で保有されている資産を使って行うことをいう。すなわち、会社の有する市場性に乏しい資産（リース債権、住宅ローン債権、クレジットカード債権および不動産）を流動化・証券化して、資金調達を図るという仕組みを指す。これを、デット・ファイナンス（debt finance、借入金による資金調達）からアセット・ファイナンス（asset finance、資産による資金調達）へのシフトともいう。

証券化は、原資産（キャッシュフローが得られるものであれば原資産になりうるが、住宅ローン、自動車ローン、貸付債権および商業用不動産といった安定したものが選ばれる）の保有者（オリジネーター）が譲渡の受け皿として設立した特別目的会社に資産譲渡を行い、その対価として発生した譲渡代金債権を小口化したうえで投資家に販売することで、行われる。特別目的会社を作って資産を譲渡するのは、オリジネーター自身の有するリスクから遮断するためである。投資家は、原資産の債権の弁済から支払を受けることで債権を回収する。

証券化は、米国で発達してきたものである（たとえば、米国では1970年代に住宅ローン担保証券の発行が盛行した）。少し前に社会問題化したサブプライムローン問題も、米国において、証券化の対象となった住宅ローン（サブプライムローン＝優良な顧客（プライム）より下位にある（サブ）顧客に対する貸付金（ローン））の延滞率（住宅ローンが支払えない割合）が上昇したことにより、住宅ローン担保証券の価格が暴落した（担保価値の下落により、当然証券の価値も下落する）ことによるものであった。このため、証券化自体が悪の根源であるかのようにメディアでいわれることもあったが、問題の本質はむしろその運用の仕方にあったと思われる。証券化自体は、資金余剰主体（投資家）から資金不足主体（住宅ローン、自動車ローンなどを有している会社）へ資金が流れる重要なチャネルとしての役割を十分果たしうるものと思われる。

事項索引

あ

IPO（Initial Public Offering：新規（株）公開） 59, 70, 172
悪意 114
朝日訴訟 140
アセット・ファイナンス 201
あっせん手続 134

い

IOSCO（International Organization of Securities Commissions：証券監督者国際機構） 195, 196
委員会設置会社 49
意匠権 37, 41
著しく不公正な方法 44
一人会社 59
一覧払 119
委任状争奪戦 43, 54
インサイダー取引 5, 178

う

受取人 107
裏書 115
裏書の連続 117
運送契約 14
運送取扱人 18

え

EDINET（Electronic Disclosure for Investors' NETwork） 173
FSB（Financial Stability Board：金融安定理事会） 197

LLR（lender of last resort：最後の貸手） 190
営業的商行為 9, 10
営業利益率 29
円高 198
円安 198

お

黄金株 63
オプション 200
オリンパス事件 75

か

会計監査 82
会計監査人 81
会計参与 83
解雇 131
外国為替 198
解雇権濫用法理 132
介護保険 142
会社更生手続 90
会社更生法 90
会社支配権 43
会社の種類 46
会社分割 91, 98
会社法 19
会社法計算規則 29
外務員 12, 13
解約権留保付労働契約 128
学生納付特例制度 144
仮装取引 182
課徴金制度 165
課徴金納付命令 184
合併 91, 96, 179

株式移転　91, 99, 101
株式会社登記簿　22
株式買取請求権　91, 95
株式交換　91, 99
株主資本等変動計算書　77, 78
株主総会　45
株主割当　67
貨幣　104
カルテル　163
為替手形　105
監査法人　173
監査役　48
監査役設置会社　47
監査役・取締役会設置会社　48
間接金融　187

き

企業年金　144
偽計　183
議決権行使書　52
擬制商人　9
基礎年金　143
ぎまん的顧客誘引　169
吸収合併　96
吸収分割　98
競業避止義務　93, 95
共済年金　143
行政処分　184
共同の取引拒絶　167
業務改善命令　185
業務起因性　145
業務遂行性　145
業務停止命令　185
銀行取付　190
金融　187
金融商品取引業　176
金融商品取引所　171
金融庁　173

く

繰延資産　80
クレジットカード　108
黒字倒産　60

け

計算書類　77
刑事罰　184
継続開示　82
決議ナカリセバ其ノ有スベカリシ公正ナル価格　95
原始定款　21
顕名　10
権利外観法理　5, 8

こ

公開買付規制　174
高級使用人　12
公証人の認証　21
更新しない自由　133
公正且つ自由な競争　156
公正取引委員会　166
公正な価格　95
厚生年金　143
厚生労働省　123
公認会計士　173
小切手　118
国際決済銀行　195
国民皆保険体制　141
国民健康保険　141
国民年金法　143
個別注記表　77
個別労働紛争解決促進制度　134
雇用対策法　126
雇用保険　146

事項索引……203

さ

最後の貸手（LLR）機能　190
最低限度の生活　149
最低生活の保障　139
財務諸表規則　29
採用の自由　126
先物取引　199
先渡取引　199
指図文言　115
サブプライムローン　201
差別対価　167
サムライ債　193
三角合併　97
産業財産権　37

し

G20（Group of Twenty Finance Ministers and Central Bank Governors）　197
時価発行　68
始期付解約権留保付労働契約　127
事業譲渡　91, 93
自己資本　60
自己責任　175
持参人払　119
市場支配力　158
失業　146
実用新案　41
実用新案権　37
私的独占　158
支配行為　160
支配人　11
支配人登記簿　23
支払能力　108
私募債　67
資本金　20
社会保険方式　138
社会保障制度　137
社債　64
蛇の目ミシン事件　57
就業規則　123
重要な財産の処分　94
出向　130
出資単位　61
取得条項付株式　63
取得請求権付株式　63
主要目的ルール　45
試用期間　128
商業帳簿　28, 29
商業登記　22
　——の一般的効力　23
証券化　200
商号　20
商行為　8, 9
商号使用権　34
商号使用の差止　32
商号専用権　34
商号登記簿　22
招集通知　50
上場会社　172
譲渡制限　20
商標　41
商標権　37
剰余金配当　76, 79, 81
職務発明　38
新株予約権　63
新株予約権付社債　65
新規（株式）公開　70, 172
新設合併　96, 97
新設分割　98
人的抗弁の切断　118
信用情報　109

す

ストックオプション　64
スワップ取引　200

せ

生活保護　147, 151
誠実公正義務　175, 196
生存権　139
税方式　139
セーフティネット　149
絶対的商行為　9, 10
絶対的独占権　39
説明義務　176
設立登記　21
善意取得　117
善意の第三者　113
全銀電子債権ネットワーク　106
専用実施権　39

そ

総会屋　57
創業者利得　72
相次運送　16
相対的独占権　41
相場操縦　181
組織変更　91, 92
その他の取引拒絶　167
損益計算書　29, 30, 77, 78

た

第1・2・3号被保険者　143
対価柔軟化　97
第三者割当増資　68
貸借対照表　29, 30, 77
代表取締役　48
大量保有報告書　174
抱き合わせ販売　169
他人資本　60
男女雇用機会均等法　126

ち

知的財産　37
知的財産権　35, 37, 40
中央銀行　190
懲戒処分　130
直接金融　187

つ

通常実施権　39

て

定額小為替　108
定款　20
呈示　112
手形　10
手形要件　107
適合性の原則　176, 196
適正化政策　152
敵対的買収　44
デット・ファイナンス　201
デビットカード　108
デリバティブ商品　199
転勤　129
でんさいネット　105
電子債権記録機関　106
電子マネー　108

と

TOKYO AIM　193
TOKYO PRO Market　193
統一小切手用紙　118
統一手形用紙　110
投機購買　10
登記事項証明書　25, 26
登記事項証明書等交付申請書　24
投機貸借　10

投機売却　10
東京証券取引所（東証）　171, 193
当座預金口座　110
倒産　90
投資者保護基金　192
登録制　176, 192
登録の取消　185
特別決議　56
特許権　41
取締役　48, 173
取締役会　48
取引所取引　10

な

NASDAQ（National Association of Securities Dealers Automated Quotations）　192
名板貸　6
内定切り　126
内部統制監査　82
内部統制報告書　82
馴合取引　182

に

ニッポン放送株買収事件　45
日本銀行券　104
ニューヨーク証券取引所　192

ね

ネットオークション　106
年金保険　142

は

バーゼル銀行監督委員会　195
バーゼル合意　195
排除行為　158
排除措置命令　162

排他条件付取引　169
配転　129
発行可能株式総数　69
bank run（銀行取付）　190

ひ

BIS 規制　195
被裏書人　115
引当金　80
ピッツバーグ・サミット　197
1 株 1 議決権　56
表見法理　5

ふ

Facebook　70
風説の流布　183
賦課方式　150
不公正な取引方法　166
不正行為　181
普通決議　56
物品運送契約　14
不当高価購入　169
不当な取引制限　162
不当廉売　169
フランチャイズ契約　35
振出人　107
ブルドックソース事件　45
プロキシーファイト　43, 52, 54
プログラム規定　139
不渡手形　112
紛争調整委員会　134
分配可能額　79

へ

ペイオフ制度　191

ほ

法人格否認の法理　99
法人設立届　22
法人成り　19
法定開示　82
法定通貨　104
法律行為　8
簿記　28

ま

満期日　107

み

民事再生法　90
民事責任　184

む

無限定適正意見　81
無登録業者　177

め

免許制　176, 189

も

目論見書　82
モリテックス事件　54

や

約束手形　107

雇止め　133
ヤンキー債　193

ゆ

優越的地位の濫用　5, 169
有価証券届出書　82
有価証券報告書　82, 85, 172
ユーロ債　193

よ

預金保険制度　191

ら

濫用的会社分割　99

り

利益供与　57
略奪的価格設定　159
旅客運送　17

れ

劣後株　62

ろ

労災保険　144
労働基準監督署長　123
労働協約　124
労働契約　120
労働者保護　122
労働審判制度　134

山田剛志（やまだ・つよし）

1965年生まれ。新潟大学法学部卒業。一橋大学大学院博士後期課程単位取得。博士（法学）（青山学院大学）。コロンビア大学ロースクール客員研究員。
現在、成城大学大学院法学研究科教授。
専攻、商法・会社法・金融法。
『金融の証券化と投資家保護』（信山社・1999）、『現代企業法・金融法の課題』（共編著、弘文堂・2004）、『新しいビジネス法』（共著、弘文堂・2006）、『金融自由化と顧客保護法制』（中央経済社・2009）ほか

萬澤陽子（まんざわ・ようこ）

1975年生まれ。国際基督教大学教養学部社会学科卒業。東京大学大学院博士後期課程修了。博士（法学）（東京大学）。
現在、公益財団法人日本証券経済研究所主任研究員、成城大学・日本大学・駒澤大学などで非常勤講師を兼務。
専攻、英米法・商法。
『アメリカのインサイダー取引と法』（弘文堂・2011）

入門 企業法

平成24年12月30日　初版1刷発行

著者	山田剛志 萬澤陽子
発行者	鯉渕友南
発行所	株式会社 弘文堂　101-0062　東京都千代田区神田駿河台1の7 TEL 03(3294)4801　振替 00120-6-53909 http://www.koubundou.co.jp
装丁	笠井亞子
印刷	三報社印刷
製本	井上製本所

© 2012　Tsuyoshi Yamada & Yoko Manzawa. Printed in Japan

[JCOPY]〈(社)出版者著作権管理機構　委託出版物〉
本書の無断複写は著作権法上での例外を除き禁じられています。複写される場合は、そのつど事前に、(社)出版者著作権管理機構（電話 03-3513-6969、FAX 03-3513-6979、e-mail : info@jcopy.or.jp)の許諾を得てください。
また、本書を代行業者等の第三者に依頼してスキャンやデジタル化することは、たとえ個人や家庭内での利用であっても一切認められておりません。

ISBN978-4-335-35538-7